Jessica Oldfield

KOKOSÖL

· Das vielseitige Superfood ·

Jessica Oldfield

KOKOSÖL

· Das vielseitige Superfood ·

Fotos von Victoria Wall Harris

INHALT

SUPERFOOD KOKOSÖL

Die Vorzüge von Kokosöl

Jahrelang galt Kokosöl als gesundheitsschädlich. Mittlerweile hat die Wissenschaft herausgefunden, dass es ganz im Gegenteil sehr gesund ist. Denn Kokosöl enthält spezielle gesättigte Fettsäuren, die als mittelkettige Triglyzeride bezeichnet werden (oft MCT-Fette abgekürzt vom englischen Medium Chain Triglycerides). Normalerweise bestehen Öle aus einer Mischung kurz-, lang- und mittelkettiger Fettsäuren, wobei mittelkettige Fettsäuren für die Gesundheit besonders wertvoll sind.

In Asien, Indien und Polynesien ist Kokosöl seit Jahrhunderten als Nahrungs- und Heilmittel bekannt. Dort ist es ein fester Bestandteil der täglichen Ernährung. Wissenschaftler vermuten, dass aus diesem Grund bei der einheimischen Bevölkerung Herzkrankheiten, Krebs und andere degenerative Erkrankungen weitaus seltener auftreten als bei uns. In der westlichen Welt ist das Wissen um den gesundheitlichen Wert dieses Superfoods noch recht jung.

Gesundheitlicher Wert

Obwohl Kokosöl zu 92 % aus gesättigten Fettsäuren besteht, werden die mittelkettigen Triglyceride schnell verdaut und vom Organismus in Energie umgewandelt. Im Gegensatz zu langkettigen Fettsäuren tierischen Ursprungs werden sie nicht in Fettdepots eingelagert.

Im Vergleich zu anderen pflanzlichen und tierischen Fetten besitzt Kokosöl weitere Vorzüge:

- Es schützt vor Herz-Kreislauf-Erkrankungen, Krebs, Diabetes und anderen degenerativen Erkrankungen.
- Es stärkt das Immunsystem.
- Es begünstigt die Gewichtsreduktion.
- Es fördert die Verdauung und die Aufnahme von Mineralstoffen.

- Bei äußerlicher Anwendung kommen seine antibakteriellen Eigenschaften zum Tragen.

Für den Gesundheitswert von Kokosöl ist hauptsächlich Laurinsäure verantwortlich, die etwa 48 % des Fettsäureanteils darstellt. Diese Fettsäure besitzt stark antimikrobielle Eigenschaften, sodass sie den Organismus bei der Bekämpfung von Krankheiten unterstützen kann. Kokosöl enthält außerdem eine Reihe von Antioxidantien, entzündungshemmende Stoffe, die Vitamine E und K sowie Eisen und andere Mineralstoffe.

Ernährungswissenschaftler betrachten Kokosöl heute als eine der gesündesten Fettarten, das im Rahmen einer ausgewogenen Ernährung das Wohlbefinden ungemein steigern kann.

Hinweis: Die Informationen in diesem Buch verstehen sich als Ratschläge für eine gesunde Ernährung. Sie können jedoch nicht die individuelle Beratung durch einen Arzt ersetzen.

WELCHES KOKOSÖL?

Seit Kokosöl in aller Munde ist, bieten Bioläden, Internethandel und sogar Supermärkte eine oft verwirrende Vielzahl von Produkten dazu an. Dabei lassen sich erhebliche Unterschiede in Preis und Qualität beobachten.

Auch wenn es verschiedene Methoden der Gewinnung von Kokosöl gibt, unterscheidet man generell nur zwischen nativem und raffiniertem Kokosöl.

Raffiniertes Kokosöl

Dieses Öl wird aus Kopra gewonnen, dem in der Sonne oder durch künstlich erzeugte Hitze getrocknetem Kokosnussfleisch. Öle aus Kopra muss man verschiedenen Verarbeitungsschritten unterziehen, um sie für den Verzehr aufzubereiten. Sie werden beispielsweise gebleicht, um Verunreinigungen zu beseitigen, und anschließend mit Dampf »desodoriert«. Das so gewonnene Kokosöl ist nahezu geruchlos und hat einen sehr milden Geschmack. Viele Menschen mögen es, weil es den Eigengeschmack von Speisen nicht verändert und – als Inhaltsstoff von Pflegeprodukten – die Haut nicht parfümiert. Wurde Kokosöl allerdings hydriert, enthält es Transfettsäuren und ist damit für die menschliche Ernährung nicht mehr zu empfehlen. Dieses Öl wird hauptsächlich für Kosmetika verwendet.

Natives Kokosöl

Dieses Kokosöl ist kaum verarbeitet und enthält deutlich mehr Antioxidantien als raffiniertes Kokosöl. Da es aus frischen Kokosnüssen gewonnen wird, weist es eine höhere Qualität und einen ausgeprägteren Geruch und Geschmack auf. Es ist übrigens nicht unbedingt notwendig, Kokosöl in Bioqualität zu kaufen, denn es gibt keine genetisch veränderten Kokosnussarten, und beim Anbau kommen Pestizide ohnehin nur in sehr geringem Mengen zum Einsatz.

Gewinnungsmethoden

Sowohl raffiniertes als auch natives Kokosöl lässt sich mit verschiedenen Methoden gewinnen. Besonders gesund und wohlschmeckend sind Öle, die mechanisch bei niedriger Temperatur und ohne Einsatz chemischer Stoffe gepresst worden sind. Probieren Sie am besten verschiedene Sorten aus, um ein Öl zu finden, das Ihrem Budget, Ihrem Geschmack und Ihren Verwendungszwecken entspricht.

KOCHEN MIT KOKOSÖL

Um den gesundheitlichen Nutzen von Kokosöl in der Küche voll auszuschöpfen, sollten Sie ein Produkt wählen, das seinen Nährstoffgehalt in gekühltem Zustand, bei Zimmertemperatur und bei Erhitzen bewahrt. In der Regel kann Kokosöl bis auf 180 °C erhitzt werden, ohne seinen Gesundheitswert einzubüßen. Es ist ein stabiles Öl, das auch bei starker Hitzeeinwirkung keine toxischen Verbindungen bildet. Darum eignet es sich in der Küche ausgezeichnet zum Braten und Frittieren.

Kokosöl ist ein halbfestes, hoch gesättigtes Fett. Bei solchen Fetten, gleich ob pflanzlichen oder tierischen Ursprungs, besteht relativ wenig Gefahr, dass sie ranzig werden. Außerdem entstehen beim Erhitzen von Kokosöl keine freien Radikale, die mit dem Alterungsprozess und Krankheiten wie Arthritis in Zusammenhang stehen. Kokosöl kann jedes andere Speisefett oder -öl ersetzen. Wegen seines Geschmacks und seiner Hitzebeständigkeit eignet es sich für die verschiedensten Zutaten – von Fleisch und Fisch über Gemüse bis Obst.

Andere Kokosprodukte

Kokosmilch, Kokossahne, frische Kokosnuss und getrocknete Kokosraspel, die für viele Rezepte verwendet werden können, enthalten ebenfalls gesunde Fettsäuren. Aus den für das Öl ausgepressten Resten an Kokosnussfleisch, dem sogenannten Presskuchen, lässt sich außerdem noch Kokosmehl gewinnen. Es eignet sich zum Backen (s. S. 126).

Es gibt unterschiedliche Aussagen darüber, wie hoch die täglich verzehrte Menge an Kokosöl / Kokosprodukten sein sollte, um maximal von dem gesundheitlichen Nutzen der enthaltenen Fettsäuren zu profitieren. Einigen Quellen* zufolge werden Mengen von bis zu 50 g reinem Kokosöl (beziehungsweise 150 g Kokosnussfleisch, 80 g getrocknete Kokosraspel oder 295 ml Kokosmilch) empfohlen.

Auf den nächsten Seiten lesen Sie, wie man Kokosmilch und Kokossahne selbst herstellen kann. Beide Kokosprodukte werden in den Rezepten in diesem Buch verwendet, lassen sich aber auch durch Kokosmilch und Kokossahne aus der Dose ersetzen.

Im Rezeptteil erfahren Sie, wie sich Kokosöl problemlos in die tägliche Ernährung integrieren lässt. Alle Gerichte sind schnell, unkompliziert und gesund und schmecken absolut köstlich. So ist es ganz einfach, jeden Tag von den gesunden Inhaltsstoffen des wunderbaren Kokosöls zu profitieren.

---

* *The Coconut Oil Miracle* (»Kokosöl: Das Geheimnis gesunder Zellen«) von Dr. Bruce Fife.

KOKOSNÜSSE VERARBEITEN

Sie meinen, dass es schwierig ist, das weiße Kernfleisch aus der harten Kokosnussschale zu lösen und daraus Kokosmilch oder Kokossahne herzustellen? Das ist ein Irrtum. Tatsächlich ist es ganz einfach!

Kokosmilch oder Kokossahne?

Um Kokosmilch oder Kokossahne herzustellen, brauchen Sie nur das frische Kernfleisch einer Kokosnuss zu raspeln, mit Wasser zu mischen und dann auszupressen. Frische Kokosmilch oder Kokossahne schmecken unvergleichlich gut, und auch ihr Nährstoffgehalt ist höher als der von gekauften Produkten.

Das Kernfleisch aus der Kokosnuss lösen

Vor dem Kauf sollten Sie eine Kokosnuss immer schütteln. Wählen Sie am besten eine Nuss, die reichlich Flüssigkeit enthält – das ist ein Zeichen für Frische.

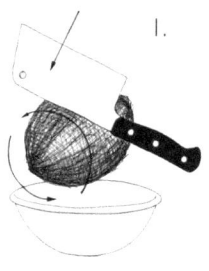

1. Die Kokosnuss in die Hand nehmen und über eine große Schüssel halten. Mit dem Rücken eines großen Messers oder Küchenbeils kurz und hart auf die Mitte der Nuss schlagen. Zwei- oder dreimal wiederholen, dabei die Nuss jeweils ein Stück drehen. Sobald die Nuss zerbricht, das Kokoswasser in der Schüssel auffangen. Sie können es trinken (es ist reich an Elektrolyten) oder für die Zubereitung von Kokosmilch verwenden. Alternativ können Sie die Kokosnuss wie auf S. 89 beschrieben öffnen.

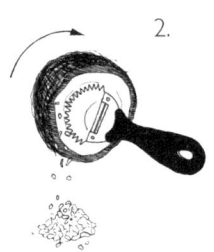

2. Das Kernfleisch mit einem Kokosnusshobel aus der Schale schaben, dabei die Nuss immer wieder drehen. Die harte Schale wegwerfen. Alternativ das Kokosnussfleisch mit einem Messer herauslösen, mit dem Sparschäler schälen und auf einem Gemüsehobel fein reiben. Das frische Kokosfleisch roh essen oder nach Wunsch verarbeiten. Im Rezeptteil dieses Buchs finden Sie einige Rezepte, für die frisches Kokosnussfleisch verwendet wird.

Kokosmilch und Kokossahne herstellen

1.

1. 150 g frisch geraspeltes Kokosnussfleisch mit 1 l Wasser in einen Mixer geben und alles auf höchster Geschwindigkeitsstufe etwa 2–3 Minuten lang pürieren, bis die Masse eine gleichmäßige, homogene Konsistenz hat.

2. Einen Nussmilchbeutel oder ein Passiertuch in eine große Schüssel legen und das Kokospüree hineinfüllen. Den Rand des Tuchs oder Beutels anheben und fest zusammendrehen, um die Masse auszudrücken. Bei der Flüssigkeit, die dabei gewonnen wird, handelt es sich um Kokossahne. Sie hat einen höheren Fettgehalt als Kokosmilch.

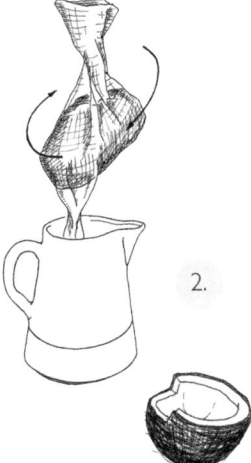

2.

Zur Herstellung von Kokosmilch das ausgepresste Kokospüree nochmals mit 1 l Wasser mixen und erneut ausdrücken.
Sie können Kokosmilch oder -sahne sofort verwenden, in einem luftdicht schließenden Gefäß bis zu 4 Tagen im Kühlschrank aufbewahren oder maximal 3 Monate einfrieren.

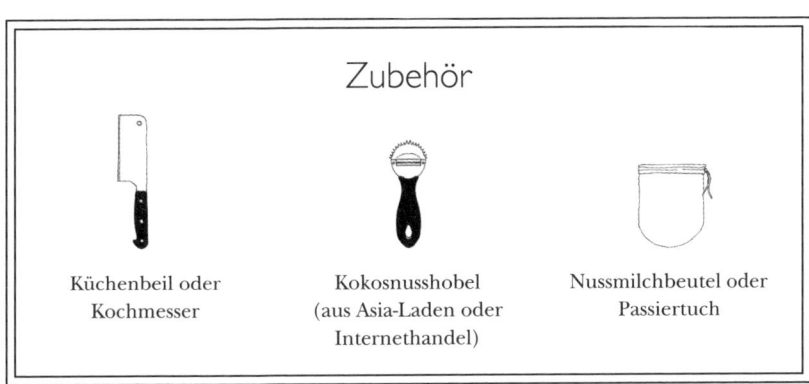

Zubehör

| Küchenbeil oder Kochmesser | Kokosnusshobel (aus Asia-Laden oder Internethandel) | Nussmilchbeutel oder Passiertuch |

GRUNDREZEPTE

In diesem Kapitel finden Sie Ideen für
Joghurt und Frischkäse sowie Saucen
ohne Laktose. Es ist praktisch, diese
Rezepte immer vorrätig zu haben –
sie verleihen Gerichten ein feines Aroma
und eine angenehme Konsistenz.
Und: Sie enthalten alle wertvollen
Inhaltsstoffe des Kokosöls.

Kokosnussjoghurt
Labneh mit Kokos
Mayonnaise mit Kokosöl
Aïoli mit Kokosöl

KOKOSNUSSJOGHURT

Für ca. 700 ml

ZUTATEN

660 g Kokossahne
Inhalt von 2 Probiotika-Kapseln (oder 2 EL gekaufter Kokosnussjoghurt)
1 EL Ahornsirup (nach Belieben)

Der Joghurt liefert reichlich probiotische Kulturen,
die das Verdauungssystem gesund halten.

LF *Laktosefrei* **FV** *Fördert die Verdauung* **OZ** *Ohne raffinierten Zucker*

Kokossahne und probiotische Kulturen verrühren. In ein sterilisiertes
Einweckglas geben und luftdicht verschließen. 12 Stunden an einen warmen,
sonnigen Platz stellen, dann über Nacht in den Kühlschrank stellen. Alternativ
einen elektrischen Joghurtbereiter verwenden. Den Joghurt nach Belieben mit
Ahornsirup süßen. Wieder in das Einweckglas geben, verschließen und im
Kühlschrank fest werden lassen. Der Joghurt ist gekühlt
mindestens 3 Monate haltbar.

LABNEH MIT KOKOS

Für ca. 500 g

ZUTATEN

500 g Kokosnussjoghurt, selbst gemacht (s. S. 16) oder gekauft
2 EL Zitronensaft • 1 TL Salz

Die probiotischen Kulturen in diesem quarkähnlichen Produkt
stärken die Gesundheit des Verdauungssystems.

OZ *Ohne Zucker* **FV** *Fördert die Verdauung* **SI** *Stärkt das Immunsystem*

Ein feines Sieb mit einem Passiertuch auslegen und über eine große Schüssel
hängen. Den Joghurt hineingeben, Zitronensaft und Salz hinzufügen. Die
Ecken des Passiertuchs über der Masse zusammennehmen und die Masse
gründlich auspressen. Dann mit einem Gewicht beschweren und 12 Stunden
im Kühlschrank abtropfen lassen. Das Passiertuch entfalten und die Konsistenz
prüfen: Die Masse soll fest, aber geschmeidig sein. Falls sie zu weich ist, nochmals auspressen, beschweren und abtropfen lassen. Zum Aufbewahren kleine
Bällchen von der Masse abstechen, in ein sterilisiertes Schraubglas geben und
mit Olivenöl bedecken. Im Kühlschrank aufbewahren.

MAYONNAISE MIT KOKOSÖL

Für ca. 250g

ZUTATEN

1 Bio-Eigelb • 2 TL Dijonsenf
250 ml Kokosöl, zerlassen • 1 EL Apfelessig
1 EL Zitronensaft • 1 TL Salz

Die Mayonnaise enthält eine gute Portion an gesunden
Fettsäuren, die Herz-Kreislauf-Erkrankungen vorbeugen, sowie
an Antioxidantien und Mineralstoffen, die das Immunsystem stärken.

GR *Gewichtsreduktion*   **SI** *Stärkt das Immunsystem*   **HG** *Schützt Herz und Gefäße*

Eigelb und Senf in eine Schüssel geben. Soviel Kokosöl unter ständigem
Rühren langsam dazugießen, bis die Mischung einzudicken beginnt. Dann den
Essig und das restliche Öl langsam dazugeben, dabei ununterbrochen kräftig
mit einem Schneebesen schlagen. Zitronensaft und Salz unterrühren.
Die Mayonnaise hält sich bis zu 1 Woche im Kühlschrank. Wenn sie zu fest wird,
in eine Schüssel mit heißem Wasser stellen, dann wird sie wieder flüssiger.

AÏOLI MIT KOKOSÖL

Für ca. 250 ml

ZUTATEN

1 kleine Knoblauchzehe • 1 TL Salz • 1 Bio-Eigelb
1 TL Dijonsenf • 250 ml Kokosöl, zerlassen • 2 EL Zitronensaft
¼ TL frisch gemahlener schwarzer Pfeffer

Roher Knoblauch enthält reichlich Nährstoffe und ist für seine Heilwirkung berühmt. Er unterstützt den Organismus beispielsweise bei der Bekämpfung von Infektionen.

HG *Schützt Herz und Gefäße* **AV** *Antiviral* **CH** *Senkt den Cholesterinspiegel*

Knoblauch und Salz in einem Mörser zerstoßen. Eigelb und Senf in eine Schüssel geben. Unter ständigem Rühren langsam soviel Kokosöl dazugeben, bis die Masse einzudicken beginnt. Dann den Zitronensaft und das restliche Öl in dünnem Strahl dazugießen, dabei ununterbrochen kräftig mit einem Schneebesen schlagen. Zuletzt Knoblauch und Pfeffer unterrühren. Im Kühlschrank aufbewahren und innerhalb von 1 Woche verbrauchen.

FRÜHSTÜCK

Egal, ob Sie morgens in Eile sind oder sich zum
Frühstück ausgiebig Zeit lassen können – in
diesem Kapitel finden Sie Vorschläge für alle
Fälle. Probieren Sie leckere, eiweißreiche Pfannkuchen oder einen schnellen, supergesunden
Smoothie, der sich auch zum Mitnehmen eignet.
Für Kopfarbeiter empfiehlt sich Chia-Pudding,
der mit einer Extraportion Omega-3-Fettsäuren
die Gehirnfunktion unterstützt.

Morgen-Smoothie • Obstsalat mit Kokos
Bananenpfannkuchen • Kokos-Knusper-Granola
Kokos-Schoko-Toast • Toast mit Rührei • Chia-Pudding

MORGEN-SMOOTHIE

Für 1 Person

ZUTATEN

2–3 Grünkohlblätter, harte Rippen entfernt • 1 Banane, geschält
1 Passionsfrucht, Fruchtfleisch ausgelöst
1 Zimtstange, zerstoßen • 1 TL Chiasamen
2½ EL Kokosnussjoghurt (s. S. 16) • 2 TL Reissirup • 70 g Eiswürfel

26

Der Smoothie versorgt Sie mit einer geballten Portion Nährstoffe.
Chiasamen sind reich an Omega-3-Fettsäuren. Grünkohl enthält zahl-
reiche Mineralstoffe und Vitamine, die den Abbau von Giftstoffen fördern.

AL *Alkalisierend* **EH** *Entzündungshemmend* **G** *Regt die Gehirntätigkeit an*

Alle Zutaten mit 60 ml Wasser in einem Mixer auf höchster Stufe glatt
pürieren. In ein Glas gießen und servieren.

OBSTSALAT MIT KOKOS

Für 1 Person

ZUTATEN

30 g Mandelblättchen • 45 g frisch geraspeltes Kokosnussfleisch
1 Banane, geschält und in dicke Scheiben geschnitten
100 g Kiwi, geschält und in Spalten geschnitten • ½ Passionsfrucht (ca. 50 g)
1 ½ TL Honig • 40 g Himbeeren

Kiwi und Passionsfrucht enthalten Vitamin C, das den Organismus bei der Bekämpfung von Infektionen unterstützt. Bananen sind reich an Kalium, und Mandeln steuern wertvolle Proteine bei.

SE *Spendet Energie* **HG** *Schützt Herz und Gefäße* **SI** *Stärkt das Immunsystem*

Die Mandelblättchen in einer beschichteten Pfanne ohne Fett 3–4 Minuten goldbraun rösten, dann abkühlen lassen. Die Kokosraspel auf einem Teller verteilen und die Hälfte der Bananen- und Kiwistücke darin wälzen. Die Passionsfrucht in die Mitte eines zweiten Tellers setzen. Alle Bananenscheiben und Kiwistücke darum herumsetzen. Mit dem Honig beträufeln und mit Mandeln und Himbeeren bestreuen.

BANANENPFANNKUCHEN

Für 1 Person (2–3 kleine Pfannkuchen)

ZUTATEN

1 Ei • 120 ml Milch • 2 TL Kokosöl, zerlassen
40 g Buchweizenmehl • 40 g Weizen- oder Dinkelmehl
¼ TL Salz • ½ TL Backpulver • 1 Banane, geschält
und in dünne Scheiben geschnitten • 1 EL Ahornsirup

Buchweizen ist reich an Zink, Kupfer und Mangan.
Er fördert die Zellbildung, schützt das Herz-Kreislauf-System
und stabilisiert den Blutzuckerspiegel.

FV *Fördert die Verdauung* **SI** *Stärkt das Immunsystem* **RB** *Reguliert den Blutdruck*

In einer Schüssel Ei, Milch und 1 TL Kokosöl verrühren. Beide Mehlsorten
mit Salz und Backpulver mischen. Die flüssigen Zutaten zu den trockenen
gießen und alles gut verrühren. Eine Pfanne bei hoher Temperatur erhitzen
und den Boden mit etwas Kokosöl einfetten. Ein Drittel des Teiges in die
Pfanne geben und die Pfanne schwenken, um ihn gleichmäßig (aber nicht zu
dünn) zu verteilen. Einige Bananenscheiben darauflegen. 1–2 Minuten braten,
bis sich auf der Oberfläche Blasen zeigen und die Unterseite goldbraun ist.
Den Pfannkuchen wenden und die andere Seite 1 Minute braten, herausnehmen und warm halten. Aus dem restlichen Teig noch 2 Pfannkuchen
zubereiten. Auf einem Teller anrichten und mit Ahornsirup beträufeln.

KOKOS-KNUSPER-GRANOLA

Für ca. 500 g

ZUTATEN

350 g Haferflocken (oder Quinoaflocken für ein glutenfreies Müsli)
200 g Mandeln, grob gehackt • 80 g Kürbiskerne
50 g Kokosraspel • 125 ml Kokosöl, zerlassen
5 EL Ahorn- oder Reissirup • ½ TL Salz • 150 g Rosinen

Das Knuspermüsli enthält keinen raffinierten Zucker, dafür aber Nüsse und Körner, die reich an Proteinen und Ballaststoffen sind.

SK *Stärkt die Knochen* **SE** *Spendet Energie* **HG** *Schützt Herz und Gefäße*

Den Backofen auf 180 °C vorheizen. Ein Backblech mit Backpapier auslegen. Die trockenen Zutaten außer Rosinen und Salz mischen. Kokosöl, Ahornsirup und Salz in einem Topf bei schwacher Hitze erwärmen, bis die Mischung flüssig ist. Über die trockenen Zutaten gießen und gründlich verrühren. Die Mischung auf dem Backblech verteilen und im Ofen etwa 10 Minuten rösten. Dann die Rosinen untermischen und das Müsli im Ofen noch 10–15 Minuten goldbraun rösten. Herausnehmen und abkühlen lassen, dann in ein gut schließendes Gefäß füllen. Das Müsli hält sich etwa 2 Wochen.

KOKOS-SCHOKO-TOAST

Für 1–2 Personen

ZUTATEN

2 Scheiben Weizenbrot • 1 TL Kokosöl
½ TL Honig • ¼ TL Kakaopulver
1 kleine Prise Salz • 15 Himbeeren, leicht zerdrückt

5 Minuten

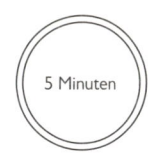

Himbeeren sind reich an Antioxidantien. Honig bekämpft schädliche Bakterien im Verdauungstrakt und Kakao steuert eine Extraportion Magnesium bei.

AB *Antibakteriell* FV *Fördert die Verdauung* EH *Entzündungshemmend*

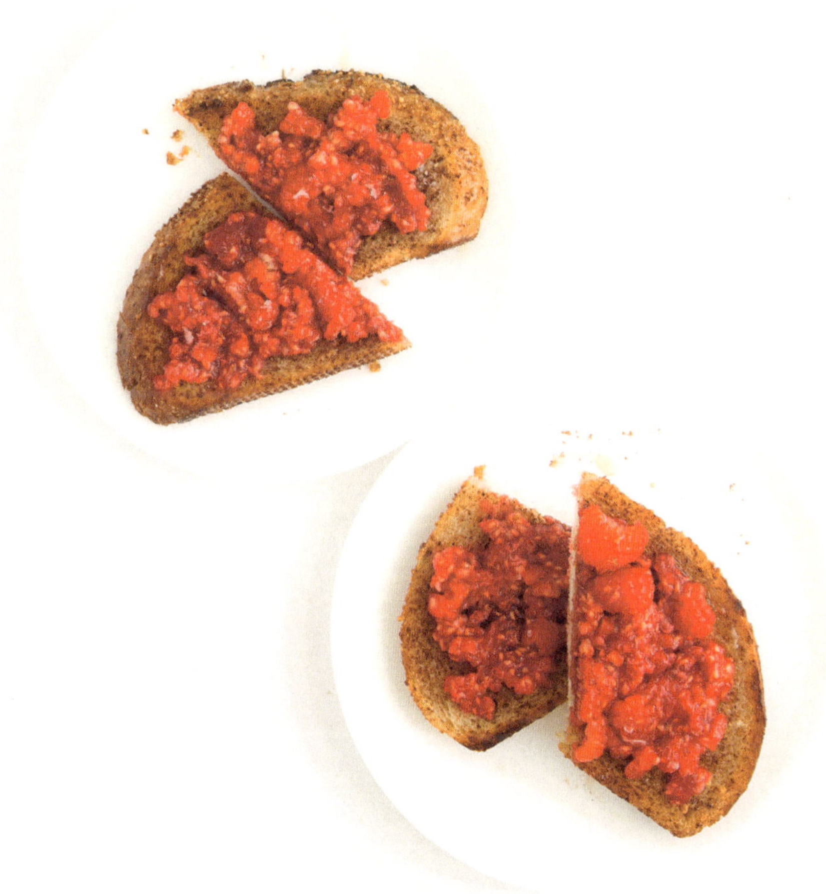

Die Brotscheiben toasten. Zuerst mit Kokosöl und dann mit Honig bestreichen. Die Scheiben mit Kakao bestreuen, salzen und mit den zerdrückten Himbeeren belegen.

TOAST MIT RÜHREI

Für 1 Person

ZUTATEN

3 Eier • 1 Prise Salz • 1 Prise gemahlene Kurkuma
½ TL Kokosöl • 1 Scheibe Weißbrot, getoastet
6 Kirschtomaten, geviertelt • 1 Prise frisch gemahlener schwarzer Pfeffer

15 Minuten

Kurkuma ist ein bemerkenswertes Gewürz. Sie enthält den
Stoff Curcumin, der die Insulinproduktion reguliert.

EH *Entzündungshemmend* **E** *Entgiftend* **I** *Stabilisiert den Insulinspiegel*

Die Eier mit Salz und Kurkuma verquirlen. Das Kokosöl in einer Pfanne bei
schwacher Hitze zerlassen. Die Eier hineingießen und vorsichtig umrühren.
Alles langsam unter gelegentlichem Rühren garen, bis die Eier gerade gestockt,
aber noch nicht trocken sind. Vom Herd nehmen – die Eier garen in der heißen
Pfanne noch etwas nach. Das Rührei mit den Tomaten auf dem Brot anrichten
und mit Pfeffer würzen.

CHIA-PUDDING

Für ca. 500 ml

ZUTATEN

1 EL Kokosöl • 1 TL Vanilleextrakt oder Mark von ½ Vanilleschote
2 EL Honig • 500 ml Mandeldrink
45 g helle oder dunkle Chiasamen • 100 g Heidelbeeren
1 gelbfleischiger Pfirsich, in mundgerechte Stücke geschnitten

Chiasamen haben einen hohen Gehalt an Omega-3-Fettsäuren.
Mandeldrink ist reich an pflanzlichem Eiweiß. Und der Pfirsich
versorgt Sie mit Folsäure.

EH *Entzündungshemmend* **E** *Entgiftend* **HG** *Schützt Herz und Gefäße*

Kokosöl, Vanille, Honig und Mandeldrink in einem Mixer auf höchster Stufe
glatt pürieren. In eine Schüssel gießen und die Chiasamen dazugeben.
Alles gut verrühren, damit sich keine Klümpchen bilden. Dann über Nacht in
den Kühlschrank stellen. Am Morgen nochmals durchrühren, die Mischung
soll eine Konsistenz wie Milchreis haben. Zum Servieren den Chia-Pudding
abwechselnd mit Heidelbeeren und Pfirsichstücken in ein Glas
mit 500 ml Fassungsvermögen schichten.

HAUPTGERICHTE

Hier finden Sie herzhafte Gerichte, die im Handumdrehen auf dem Tisch stehen. Mit wenigen Zutaten zaubern Sie sättigende Salate, pikante Currys oder köstliche Suppen – hier ist für jeden Geschmack etwas dabei.

Fischfilet mit Kokos • Risotto mit Lauch & Pilzen
Mangold mit Speck • Fenchelsalat mit Lachs
Spaghetti mit Kokosgarnelen • Kartoffelgratin mit Kokos
Kürbis mit Kokospolenta • Brokkolisalat mit Datteln
Süßkartoffelsuppe • Tomaten-Apfel-Suppe mit Feta
Indisches Sandwich • Dhal mit Zwiebeln
Fisch in Currysauce • Linsensalat mit Tomaten
Nasi goreng mit Quinoa • Chinakohlsalat mit Steak
Lachs mit Broccolini • Spaghetti mit Kokos-Carbonara
Lammkoteletts mit grünen Bohnen
Hähnchen mit Kokos-Gremolata

FISCHFILET MIT KOKOS

Für 2 Personen

ZUTATEN

45 g Mehl • ¾ TL Salz • 1 Ei • 60 g frisch geraspeltes Kokosnussfleisch
(oder getrocknete Kokosraspel, 20 Minuten in Wasser eingeweicht, abgetropft)
2 weißfleischige Fischfilets (à ca. 200 g, z. B. Barsch)
200 g Grünkohlblätter, harte Rippen entfernt, Blätter grob gehackt
Saft von ½ großen Zitrone

Das Fischfilet enthält wertvolle Omega-3-Fettsäuren. Grünkohl
versorgt den Körper mit Ballaststoffen, Kalium sowie den Vitaminen
C und B6, die für die Gesundheit des Herz-Kreislauf-Systems wichtig sind.

BA *Ballaststoffreich* **HG** *Schützt Herz und Gefäße* **G** *Regt die Gehirntätigkeit an*

Den Backofen auf 200°C vorheizen. Ein Backblech mit Backpapier auslegen.
Das Mehl mit ½ TL Salz auf einen Teller sieben. Das Ei in einem tiefen Teller
verquirlen. Die Kokosraspel auf einen tiefen Teller geben. Die Fischfilets im
Mehl wenden, durch das verquirlte Ei ziehen und in den Kokosraspeln wenden.
Auf das Blech legen und im Ofen 10 Minuten goldbraun garen. Dann wenden und nochmals 10 Minuten garen. Den Grünkohl in kochendem Wasser
1 Minute leuchtend grün blanchieren, eiskalt abschrecken und abtropfen
lassen. Mit restlichem Salz und Zitronensaft würzen. Zu den Fischfilets servieren.

43

RISOTTO MIT LAUCH & PILZEN

Für 4 Personen

ZUTATEN

1,2 l Gemüsebrühe • 2 EL Kokosöl • 1 dicke Lauchstange, gehackt
330 g Arborio-Reis • ½ TL Salz • 500 g große braune Champignons, in Scheiben
geschnitten • 150 g Parmesan, gehobelt

Champignons haben einen hohen Eisengehalt und versorgen den
Organismus außerdem mit Kalzium, das für stabile Knochen wichtig ist.

RB *Reguliert den Blutdruck*   **SI** *Stärkt das Immunsystem*   **SK** *Stärkt die Knochen*

Die Brühe in einem Topf aufkochen, dann bei schwacher Hitze köcheln lassen.
1 EL Kokosöl in einem Topf bei schwacher Hitze zerlassen und den Lauch
darin 10 Minuten glasig dünsten. Die Hitze erhöhen, Reis und Salz zum Lauch
geben und 1 Minute mitdünsten. Mit 1 Kelle Brühe ablöschen und rühren, bis
der Reis die Flüssigkeit aufgesogen hat. Weiter kellenweise Brühe hinzufügen
und rühren, bis der Reis gar ist. Das dauert insgesamt etwa 30 Minuten.
Eine Grillpfanne mit dem restlichen Öl einfetten und die Pilze darin braten.
Den Risotto vom Herd nehmen, den Großteil der Pilze und den Parmesan
unterrühren. Mit den restlichen Champignons garnieren.

MANGOLD MIT SPECK

Für 4 Personen als Beilage

ZUTATEN

1 EL Kokosöl • 1 dicke Lauchstange, in Ringe geschnitten
2 Bund bunter Mangold, Blätter und Stiele grob gehackt
4 Scheiben durchwachsener Speck, grob gewürfelt • 180 ml Weißwein
180 g gegarte Kichererbsen • ¼ TL Salz

Speck und Kichererbsen liefern reichlich Proteine, die für die Regeneration der Zellen und die Gesundheit der Muskeln benötigt werden.

 **BA** *Ballaststoffreich* **SE** *Spendet Energie* **SM** *Stärkt die Muskeln*

Das Kokosöl in einer Pfanne bei schwacher Hitze zerlassen. Lauch und Mangoldstiele darin 10 Minuten glasig dünsten, dabei ab und zu umrühren. Den Speck hinzufügen und bei mittlerer bis starker Hitze 4–5 Minuten knusprig braten. Die Mangoldblätter dazugeben und 1 Minute mitgaren, bis sie zusammenfallen. Den Wein dazugießen und alles noch 2–3 Minuten unter Rühren köcheln lassen, bis die Flüssigkeit vollständig verdampft ist. Zuletzt Kichererbsen und Salz dazugeben, gut umrühren und servieren.

FENCHELSALAT MIT LACHS

Für 4 Personen als Beilage

ZUTATEN

50 g Kokossahne • Saft von 1 Zitrone • 15 g Dillspitzen, fein gehackt
1 große Fenchelknolle, in dünne Scheiben gehobelt
250 g Räucherlachs, in mundgerechte Stücke geschnitten
150 g Emmentaler, fein gehobelt • 1 TL Kapern

Fenchel ist reich an Ballaststoffen und Vitamin C. Er schützt die Leber und fördert die Ausscheidung von Giftstoffen. Räucherlachs enthält reichlich Omega-3-Fettsäuren und regt die Gehirntätigkeit an.

RL *Reinigt die Leber* **BA** *Ballaststoffreich* **G** *Regt die Gehirntätigkeit an*

Kokossahne, Zitronensaft und Dill verrühren und beiseitestellen. Den Fenchel auf einem Teller verteilen. Lachs und Käse darauf anrichten und alles mit dem Dressing beträufeln. Mit den Kapern bestreuen.

SPAGHETTI MIT KOKOSGARNELEN

Für 2 Personen

ZUTATEN

250 g Spaghetti • Salz • 12 große rohe Garnelen (ca. 250 g), entdarmt und bis
auf den Schwanz geschält (Köpfe und Schalen aufbewahren)
1 EL Kokosöl • 2 Knoblauchzehen, zerdrückt
2 rote Chilischoten, schräg in dünne Ringe geschnitten (einige Ringe zum
Garnieren beiseitelegen) • 2 EL Tomatenmark
150 g frisch geraspeltes Kokosnussfleisch (oder getrocknete Kokosraspel,
20 Minuten in Wasser eingeweicht, abgetropft)

Garnelen enthalten wertvolles Eiweiß und Zink. Chilischoten stärken
mit ihrem hohen Gehalt an Vitamin C und Betakarotin das Immunsystem.

EH *Entzündungshemmend* **SK** *Stärkt die Knochen* **SI** *Stärkt das Immunsystem*

Die Spaghetti in reichlich Salzwasser al dente garen. Abgießen, dabei 140 ml Kochwasser auffangen. Garnelen und -putzreste waschen und trocken tupfen. ½ EL
Kokosöl in einem Topf zerlassen. Garnelenköpfe und -schalen dazugeben und mit
einem Kochlöffel zusammendrücken, damit der Saft austritt. 125 ml Nudelkochwasser dazugießen und köcheln lassen, bis der Fond orangegelb und klar ist. Durch
ein feines Sieb gießen und auffangen, Garnelenköpfe und -schalen entfernen. Übriges
Öl in einem Topf erhitzen und Knoblauch und Chiliringe darin 1 Minute garen.
Garnelen hinzufügen und 1 Minute mit anbraten. Tomatenmark und Garnelenfond
unterrühren und einige Minuten dünsten. Die Spaghetti in die Sauce geben und
Kokosraspel und ½ TL Salz hinzufügen. Falls nötig, die Sauce noch mit etwas
Nudelkochwasser verdünnen. Mit den beiseitegelegten Chiliringen garnieren.

KARTOFFELGRATIN MIT KOKOS

Für 4 Personen

ZUTATEN

1 kg mehligkochende Kartoffeln, in dünne Scheiben gehobelt
1 rote Zwiebel, fein gewürfelt • 2 Knoblauchzehen, zerdrückt • 1 TL Salz
2 TL frisch gemahlener schwarzer Pfeffer • 300 g Kokossahne
4 Stängel Thymian, Blätter abgezupft und gehackt • 50 g Cheddar, gerieben

Käse ist eine wichtige Quelle für Kalzium, vor allem Hartkäse. Kokossahne liefert reichlich Fettsäuren, die die Gesundheit des Herzens unterstützen.

BA *Ballaststoffreich* **SK** *Stärkt die Knochen* **HG** *Schützt Herz und Gefäße*

Den Backofen auf 220 °C vorheizen. Alle Zutaten außer Thymian, Käse und der Hälfte der Zwiebeln in einer ofenfesten Form gut mischen. Auf den Herd stellen und mit 200 ml kochendem Wasser bedecken. Die Form mit zwei Lagen Alufolie sorgfältig verschließen und auf dem Herd bei mittlerer Hitze 10–15 Minuten köcheln lassen, bis die Kartoffeln weich sind. (Als Garprobe mit einer Messerspitze einstechen.) Die Folie entfernen, das Gratin mit restlichen Zwiebeln, Thymian und Käse bestreuen und im Ofen noch 15 Minuten backen, bis die Kruste goldbraun ist.

KÜRBIS MIT KOKOSPOLENTA

Für 4 Personen

ZUTATEN

1 kg Hokkaido-Kürbis (rot oder grün), ungeschält, geviertelt und entkernt
2 EL Sojasauce • 1 EL Kokosöl, zerlassen • 3 Knoblauchzehen, zerdrückt
800 ml Kokosmilch • 180 g Polenta (Maisgrieß)
2 TL gehackte Petersilie

Kürbis ist reich an Beta-Carotin, das der Körper nach Bedarf in Vitamin A umwandeln kann. Dieses Vitamin nützt vor allem unserer Haut. Außerdem enthält Kürbis wertvolle Ballaststoffe.

BA *Ballaststoffreich* **BZ** *Reguliert den Blutzucker* **H** *Gut für die Haut*

Den Backofen auf 200 °C vorheizen. Ein Backblech mit Backpapier auslegen. Die Kürbisviertel mehrmals mit einer Gabel einstechen und auf das Blech legen. Sojasauce, Kokosöl, 4 EL Wasser und Knoblauch verrühren und die Kürbisviertel damit bestreichen. Mit Backpapier abdecken und im Ofen 30–40 Minuten garen. Inzwischen die Kokosmilch mit 200 ml Wasser aufkochen, dann bei schwacher Hitze köcheln. Die Polenta unter Rühren einrieseln lassen und bei sehr schwacher Hitze 10 Minuten unter Rühren garen, bis die Masse eingedickt ist. Mit Petersilie bestreut zu den Kürbisvierteln servieren.

BROKKOLISALAT MIT DATTELN

Für 4 Personen

ZUTATEN

35 g gehackte Mandeln • 1 EL Kokosöl • 2 Köpfe Brokkoli (ca. 650 g),
in Röschen zerteilt, Stiele fein gehackt • 2 Knoblauchzehen, gehackt
1 TL Salz • 2 TL Orangenblütenwasser • 40 g Labneh mit Kokos (s. S. 18)
10 getrocknete Datteln, fein gehackt

Brokkoli ist reich an Antioxidantien und Vitaminen. Mandeln stärken das Gehirn und vor allem Gedächtnis und Erinnerungsvermögen.

EH *Entzündungshemmend* **BA** *Ballaststoffreich* **G** *Regt die Gehirntätigkeit an*

Die Mandeln in einer beschichteten Pfanne ohne Fett 2–3 Minuten goldbraun rösten, dann beiseitestellen. Das Kokosöl in einem Topf bei starker Hitze zerlassen und die Brokkolistiele darin 1 Minute anbraten. Die Brokkoliröschen hinzufügen und 1 Minute mitbraten. Knoblauch und Salz dazugeben und den Brokkoli bei schwacher Hitze noch 5–6 Minuten garen, bis er leuchtend grün ist und die Stiele weich sind. Den Brokkoli auf einem Teller abkühlen lassen. Zum Servieren mit Orangenblütenwasser beträufeln und mit Labneh, Datteln und Mandeln bestreuen.

SÜSSKARTOFFELSUPPE

Für 4 Personen

ZUTATEN

1 EL Kokosöl • 1 dicke Lauchstange, gehackt • 3–4 Süßkartoffeln (ca. 600 g),
geschält und fein gewürfelt • 1,25 l Gemüsebrühe
1 TL Salz • 110 g Kokosmilch • 10 g Petersilie, gehackt

Die Antioxidantien in der Kokosmilch fördern die Ausscheidung
von Giftstoffen und bekämpfen freie Radikale. Süßkartoffeln enthalten
essentielle Vitamine und Mineralstoffe, die den Stoffwechsel anregen.

LF *Laktosefrei* **EH** *Entzündungshemmend* **RS** *Regt den Stoffwechsel an*

Das Kokosöl in einem Topf bei schwacher Hitze zerlassen und den Lauch
darin 10 Minuten glasig dünsten. Süßkartoffeln, Brühe und Salz hinzufügen,
aufkochen und 10–15 Minuten köcheln lassen, bis sich die Süßkartoffelwürfel
leicht zerdrücken lassen. Vom Herd nehmen und alles mit dem Stabmixer glatt
pürieren. Wieder auf den Herd stellen, die Kokosmilch dazugießen und die
Suppe bei schwacher Hitze vorsichtig aufwärmen. Mit der Petersilie bestreuen.

TOMATEN-APFEL-SUPPE MIT FETA

Für 4 Personen

ZUTATEN

1 kg Rispentomaten, halbiert • 4 Äpfel (z. B. Granny Smith), geschält, entkernt
und fein gewürfelt • 3 EL Kokosöl, zerlassen • 1 TL Fenchelsamen
1 rote Chilischote, entkernt (nach Belieben) und fein gehackt
1 l Gemüsebrühe • frisch gemahlener schwarzer Pfeffer • 50 g Feta

Fenchelsamen sind reich an Antioxidantien, die krebsvorbeugende
Wirkung besitzen. Tomaten enthalten Stoffe, die vor Infektionen
und Herz-Kreislauf-Erkrankungen schützen.

SK *Stärkt die Knochen* **BI** *Bekämpft Infektionen* **HG** *Schützt Herz und Gefäße*

Den Backofen auf 180 °C vorheizen. Ein Backblech mit Backpapier auslegen und
Tomaten und Äpfel darauf nebeneinander verteilen. Mit 2 EL Kokosöl beträufeln und im Ofen 40–45 Minuten garen, bis die Apfelwürfel gar sind und braune
Ränder bekommen. Herausnehmen und etwas abkühlen lassen, dann mit der
ausgetretenen Garflüssigkeit im Mixer pürieren. Das restliche Öl in einem Topf
bei mittlerer Hitze erwärmen und Fenchelsamen und Chiliwürfel darin 1 Minute
erhitzen. Dann das Tomaten-Apfel-Püree und die Gemüsebrühe dazugießen
und alles 10 Minuten aufwärmen. Zum Servieren mit Pfeffer abschmecken
und mit zerbröseltem Feta bestreuen.

INDISCHES SANDWICH

Für 2 Personen

ZUTATEN

½ TL Kokosöl • 100 g Panir (ind. Frischkäse), in dünne Scheiben geschnitten
2 Naan-Fladenbrote (Fertigprodukt) • 1 EL Aïoli mit Kokosöl (s. S. 22)
30 g junger Blattspinat • 10 g Koriandergrün • Saft von ½ Zitrone

10 Minuten

Kokosnuss und frisches Koriandergrün enthalten viele gesundheitsfördernde Inhaltsstoffe. Vor allem tragen sie zur Regulierung des Cholesterinspiegels bei.

SK *Stärkt die Knochen* **I** *Stabilisiert den Insulinspiegel* **HG** *Schützt Herz und Gefäße*

Das Kokosöl in einer Pfanne bei mittlerer bis starker Hitze zerlassen und den Panir darin von beiden Seiten 2–3 Minuten anbraten. Aus der Pfanne nehmen und beiseitestellen. Die Pfanne auswischen und die Fladenbrote darin auf jeder Seite 1–2 Minuten rösten. Die Fladenbrote mit Aïoli bestreichen und jeweils mit der Hälfte von Spinat, Panir und Koriander belegen. Mit Zitronensaft beträufeln, dann jedes Fladenbrot zusammenklappen.

DHAL MIT ZWIEBELN

Für 4 Personen

ZUTATEN

2 EL Kokosöl • 10 Curryblätter • 5 Knoblauchzehen, gehackt
1 Stück Ingwer (10 cm), geschält und fein gerieben
2 rote Zwiebeln, gehackt • 1 EL Currypulver • 1 TL Salz
250 g rote Linsen, 20 Minuten in kaltem Wasser eingeweicht, dann abgetropft
400 ml Kokosmilch

Gewürze wie Koriander, Kurkuma und Ingwer sind traditionelle Bestandteile des Currypulvers. Alle drei sind für ihre Heilwirkung bekannt, denn sie fördern die Verdauung und stärken das Immunsystem.

EH *Entzündungshemmend* **FV** *Fördert die Verdauung* **SI** *Stärkt das Immunsystem*

1 EL Kokosöl in einem Topf bei mittlerer bis starker Hitze zerlassen und die Curryblätter darin 1 Minute erhitzen. Knoblauch, Ingwer, die Hälfte der Zwiebeln, Currypulver und Salz hinzufügen und alles 3–4 Minuten dünsten. Linsen, Kokosmilch und 250 ml Wasser hinzufügen. Alles aufkochen, dann bei schwacher Hitze 15 Minuten köcheln lassen, bis die Linsen gar sind und die Mischung eindickt. Das restliche Öl in einem Topf bei starker Hitze zerlassen und die übrigen Zwiebeln darin knusprig braten.
Zum Servieren auf dem Dhal anrichten.

FISCH IN CURRYSAUCE

Für 4 Personen

ZUTATEN

3 Knoblauchzehen • 1 TL Salz • 2 EL Kokosöl
15 Curryblätter + einige Blätter zum Garnieren • 1 große Zwiebel, gehackt
600 ml Kokosmilch • 60 g Tamarindenmark
4 weißfleischige Fischfilets (à ca. 200 g, z. B. Dorsch)

Die im Fisch enthaltenen Omega-3-Fettsäuren sind gut für
das Herz. Tamarinde kann zur Regulierung des Cholesterinspiegels
beitragen, erhöhten Blutdruck senken und die Verdauung anregen.

HG *Schützt Herz und Gefäße* **FV** *Fördert die Verdauung* **CH** *Cholesterinsenkend*

Den Knoblauch mit ½ TL Salz zerdrücken. 1 EL Kokosöl in einem Topf bei
mittlerer Hitze zerlassen und 15 Curryblätter darin 1 Minute erhitzen.
Knoblauch und Zwiebel hinzufügen und 3–5 Minuten dünsten, bis die Zwiebel
goldbraun ist. Die Kokosmilch und das restliche Salz dazugeben. Alles aufkochen, dann bei schwacher Hitze 15–20 Minuten köcheln lassen, bis die Sauce
eindickt. Vom Herd nehmen und das Tamarindenmark unterrühren. Die
Sauce zugedeckt beiseitestellen. Das restliche Öl in einer Pfanne bei mittlerer
Hitze zerlassen. Die Fischfilets waschen, trocken tupfen und im Öl
auf jeder Seite 6–8 Minuten goldbraun braten. Mit den restlichen
Curryblättern bestreuen und mit der Currysauce servieren.

LINSENSALAT MIT TOMATEN

Für 4 Personen als Beilage

ZUTATEN

250 g Kirschtomaten • 2 ½ EL Kokosöl, zerlassen • Salz • 250 g grüne Linsen
20 g Minze, fein gehackt • 20 g Dillspitzen, fein gehackt
2 ½ EL weißer Balsamico-Essig

Linsen enthalten reichlich Folsäure, die das Herz schützt, sowie Ballaststoffe, die den Insulinspiegel regulieren und die Verdauung anregen.

HG *Schützt Herz und Gefäße* **FV** *Fördert die Verdauung* **I** *Stabilisiert den Insulinspiegel*

Den Backofengrill vorheizen. Ein Backblech mit Backpapier auslegen. Die Tomaten darauf verteilen, mit 1 TL Kokosöl beträufeln und mit ¼ TL Salz bestreuen. Unter dem Backofengrill 7–8 Minuten grillen, bis die Tomaten dunkel werden und platzen. Herausnehmen und abkühlen lassen. Die Linsen in einem Sieb abbrausen, dann in einem Topf mit Wasser und 1 Prise Salz 20 Minuten garen. Abgießen und abkühlen lassen. Linsen, Tomaten und Kräuter in einer Schüssel mischen. Restliches Kokosöl, Essig und 1 Prise Salz verrühren und den Salat damit beträufeln.

NASI GORENG MIT QUINOA

Für 4 Personen

ZUTATEN

1 EL Kokosöl • 2 Frühlingszwiebeln, schräg in Ringe geschnitten
2 Knoblauchzehen, zerdrückt • 6 Mini-Pak-Choi, gehackt
400 g Quinoa (Mischung aus roten, schwarzen und hellen Körnern)
2 EL süße Sojasauce • 1 EL Zitronensaft

Quinoa ist eine wichtige Quelle für pflanzliche Proteine, denn sie enthält neun essentielle Aminosäuren. Außerdem ist sie reich an Magnesium, das regulierend bei erhöhtem Blutdruck wirkt.

EH *Entzündungshemmend* **BA** *Ballaststoffreich* **HG** *Schützt Herz und Gefäße*

Das Kokosöl in einer Pfanne bei mittlerer bis starker Hitze zerlassen und drei Viertel der Frühlingszwiebeln und den Knoblauch darin 30 Sekunden andünsten. Den Pak Choi hinzufügen und 1 Minute mitbraten. Quinoa, Sojasauce und 30 ml Wasser hinzufügen und alles bei schwacher Hitze solange köcheln lassen, bis die Quinoa die Flüssigkeit fast vollständig aufgesogen hat. Vom Herd nehmen und mit Zitronensaft beträufeln. Zum Servieren mit den restlichen Frühlingszwiebeln garnieren.

CHINAKOHLSALAT MIT STEAK

Für 2 Personen

ZUTATEN

2 Rindersteaks (à ca. 250 g) • Salz • 1 TL Kokosöl • ½ Chinakohl (ca. 600 g)
1 kleine Möhre, in Streifen geschnitten • 100 g Zuckerschoten
15 g Minze grob gehackt • Saft von 1 Limette

Möhren und Chinakohl sind reich an Vitamin C. Das sorgt dafür, dass der Körper das im Rindfleisch enthaltene Eisen leichter aufnehmen kann.

SE *Spendet Energie* **BA** *Ballaststoffreich* **SI** *Stärkt das Immunsystem*

Die Steaks auf jeder Seite mit ¼ TL Salz bestreuen. Eine Grillpfanne mit der Hälfte des Kokosöls fetten und erhitzen. Die Steaks darin bei mittlerer bis starker Hitze 5–6 Minuten braten, dabei zwischendurch einmal wenden. Die Steaks herausnehmen und 5 Minuten ruhen lassen, dann in dicke Scheiben schneiden. Chinakohl, Möhre, Zuckerschoten und Minze in einer Schüssel mischen. Das restliche Öl mit Limettensaft und 1 Prise Salz verrühren. Das Fleisch auf Teller verteilen, den Salat daneben anrichten und mit dem Dressing beträufeln.

LACHS MIT BROCCOLINI

Für 2 Personen

ZUTATEN

2 Lachsfilets (à ca. 100 g) • 1 EL Mirin (süßer japan. Reiswein)
1 ½ EL süße Misopaste • 3 TL Kokosöl
1 Knoblauchzehe, in Scheiben geschnitten
200 g Broccolini (dünnstieliger Brokkoli) • Saft von ½ Zitrone

Misopaste enthält mehrere wertvolle Nährstoffe, die den Körper bei der Bekämpfung von Krankheiten unterstützen. Seine probiotischen Inhaltsstoffe stärken das Immunsystem.

HG *Schützt Herz und Gefäße* **FV** *Fördert die Verdauung* **SI** *Stärkt das Immunsystem*

Den Lachs waschen, trocken tupfen und die Haut mehrmals einritzen, den Fisch auf einen Teller legen. Mirin und Misopaste verrühren und den Lachs damit rundherum bestreichen. Mit Frischhaltefolie zugedeckt im Kühlschrank 10 Minuten marinieren lassen. Anschließend ½ TL Kokosöl in einer Pfanne erhitzen und den Fisch darin auf der Hautseite 2–3 Minuten goldbraun braten. Wenden und die andere Seite 2–3 Minuten braten. Herausnehmen und 5 Minuten ruhen lassen. Das übrige Kokosöl in einer Pfanne bei mittlerer Hitze zerlassen und den Knoblauch darin 30 Sekunden braten. Die Broccolini dazugeben und 6–7 Minuten garen, bis sie leuchtend grün sind. Vom Herd nehmen, mit Zitronensaft beträufeln und zum Fisch servieren.

SPAGHETTI MIT KOKOS-CARBONARA

Für 2 Personen

ZUTATEN
200 g Spaghetti • Salz • ½ EL Kokosöl
225 g gemischte Pilze (z. B. Champignons, Austern-, Enoki- oder Shiitakepilze)
1 Eigelb • 75 g Kokossahne • 75 g Parmesan, gehobelt + etwas zum Servieren
½ TL frisch gemahlener schwarzer Pfeffer • 10 g Petersilie, grob gehackt

25 Minuten

Pilze sind das einzige Gemüse, das Vitamin B12 enthält. Deshalb sind sie bei Vegetariern und Veganern beliebt, die auf eine ausreichende Vitamin B12-Versorgung achten müssen.

SE *Spendet Energie* SK *Stärkt die Knochen* SI *Stärkt das Immunsystem*

Die Spaghetti in reichlich Salzwasser al dente garen, abgießen und abtropfen lassen, dabei 125 ml Kochwasser auffangen und beiseitestellen. Inzwischen das Kokosöl in einem Topf erhitzen und die Pilze darin 5–6 Minuten goldbraun braten. Das Eigelb leicht verquirlen, dann mit Kokossahne, Parmesan, Pfeffer und Petersilie gründlich verrühren. Die gegarten Pilze untermischen. Die Spaghetti im Topf wieder erwärmen, vom Herd nehmen und sofort mit der Kokos-Pilz-Sauce mischen. Falls nötig, etwas Nudelkochwasser hinzufügen. Mit Parmesan bestreut servieren.

LAMMKOTELETTS MIT BOHNEN

Für 2 Personen

ZUTATEN

6 Lammkoteletts (ca. 400 g) • ½ TL Salz • 15 g Sumach (türk. Gewürz)
1 EL Kokosöl • 1 Knoblauchzehe, zerdrückt
220 g grüne Bohnen, geputzt • 40 g Haselnusskerne, grob gehackt

Grüne Bohnen enthalten Antioxidantien, die den Körper bei der Ausscheidung von Giftstoffen unterstützen. Lammkoteletts sind fettarm und eiweißreich. Haselnusskerne steuern B-Vitamine bei, die für die Zellerneuerung notwendig sind.

SE *Spendet Energie* **E** *Entgiftend* **SN** *Stärkt das Nervensystem*

Die Lammkoteletts von beiden Seiten mit Salz bestreuen. Sumach und ½ EL Kokosöl mischen, die Koteletts damit rundherum bestreichen und 10 Minuten marinieren lassen. Eine Grillpfanne stark erhitzen. Die Koteletts darin 7–8 Minuten braten, dabei nach der Hälfte der Zeit einmal wenden. Herausnehmen und 5 Minuten ruhen lassen. Inzwischen das restliche Kokosöl in einer Pfanne bei starker Hitze zerlassen und den Knoblauch darin anbraten. Die Bohnen dazugeben und umrühren, bis sie ganz von Öl umhüllt sind. Dann 3–4 Minuten garen. Zum Servieren Lamm und Bohnen mit den Nüssen und etwas Salz bestreuen.

HÄHNCHEN MIT KOKOS-GREMOLATA

Für 4 Personen

ZUTATEN

1 Hähnchen (küchenfertig, ca. 1,6 kg) • 1 TL Salz • 1 EL Kokosöl
2 EL Zitronensaft (ausgepresste Zitrone aufbewahren)

Gremolata

35 g frisch geraspeltes Kokosnussfleisch (oder getrocknete Kokosraspel,
20 Minuten in Wasser eingeweicht, abgetropft)
1 EL fein gehackte Petersilie • 1 TL abgeriebene Bio-Zitronenschale
1 Knoblauchzehe, zerdrückt

Petersilie ist reich an Vitamin C und Eisen. Sie wird für dieses Rezept roh verwendet, um ihre Nährstoffe und ihr Aroma zu bewahren. Geflügelfleisch ist ein wichtiger Eiweißlieferant.

BI *Bekämpft Infektionen* **RB** *Reguliert den Blutdruck* **SI** *Stärkt das Immunsystem*

Den Backofen auf 240°C vorheizen. Ein Backblech mit Backpapier auslegen. Das Hähnchen innen und außen waschen und trocken tupfen. Auf das Blech setzen, von allen Seiten einstechen und mit Salz und Kokosöl einreiben. Die ausgepressten Zitronenhälften in die Bauchhöhle stecken und das Hähnchen in den Ofen schieben. Die Ofentemperatur auf 200 °C reduzieren und das Hähnchen 50–60 Minuten braten, bis die Temperatur im Inneren 74 °C (Fleisch-thermometer!) beträgt und beim Einstechen mit einem Messer klarer Fleischsaft austritt. Die Zutaten für die Gremolata in einer Schüssel verrühren. Das Hähn-chen mit Zitronensaft beträufeln und mit der Gremolata servieren.

SNACKS

Wenn zwischen den Mahlzeiten der kleine Hunger kommt, greift man allzu leicht zu ungesunden Snacks.
Das muss nicht sein! Auf den folgenden Seiten finden Sie viele Rezeptideen für leckere und gleichzeitig supergesunde Zwischenmahlzeiten.

Ananassalat mit Chili • Geröstete Nüsse
Kokoschips • Gebackener Blumenkohl
Blumenkohltörtchen • Mandel-Paranuss-Creme
Frittierter Tofu • Kokos-Guacamole
Bagel mit Speck & Banane • Kartoffeln mit Chilijoghurt
Rote-Bete-Chips mit Feta • Süßkartoffel-Quesadillas
Garnelen mit Limette • Gegrillter Mais mit Miso

ANANASSALAT MIT CHILI

Für 3–4 Personen

ZUTATEN
½ Ananas (ca. 700 g), geschält, Strunk entfernt, Fruchtfleisch in Streifen
geschnitten • ½ TL Salz • 1 TL Kokosöl, zerlassen
¼ TL Chiliflocken • 1 Handvoll Minzeblätter

Ananas ist reich an Kalium, das die Spannung in den arteriellen Blut-
gefäßen reguliert. Außerdem enthält sie viel Vitamin C und liefert
viele Ballaststoffe.

BI *Bekämpft Infektionen* **FV** *Fördert die Verdauung* **RB** *Reguliert den Blutdruck*

Die Ananasstücke in eine Schüssel geben. Salz, Kokosöl,
und Chiliflocken hinzufügen und sorgfältig umrühren. Auf Tellern anrichten
und mit Minzeblättern bestreuen.

GERÖSTETE NÜSSE

Für ca. 400 g

ZUTATEN

2 TL Currypulver • 190 g Mandeln
170 g Cashewkerne • 35 g Kokosraspel • 40 g Kürbiskerne
1 TL Salz • 1 EL Kokosöl, zerlassen

Nüsse und Kerne enthalten reichlich Ballaststoffe, Eiweiß sowie essentielle Fettsäuren, und sind hervorragende Energielieferanten.

BA *Ballaststoffreich* **SK** *Schützt die Knochen* **HG** *Schützt Herz und Gefäße*

Den Backofen auf 180 °C vorheizen. Ein Backblech mit Backpapier auslegen. Das Currypulver in einer kleinen beschichteten Pfanne ohne Fett 2–3 Minuten bei mittlerer Hitze rösten. Alle trockenen Zutaten in eine Schüssel geben und gründlich mischen. Das Kokosöl hinzufügen und sorgfältig verrühren. Die Mischung gleichmäßig auf dem Blech verteilen und im Ofen 20–30 Minuten goldbraun rösten. Dabei nach der Hälfte der Zeit wenden.

KOKOSCHIPS

Für 2–3 Personen

ZUTATEN
1 Kokosnuss • ½ EL Apfelessig • ¼ TL Salz

Knusprige Chips aus frischer Kokosnuss sind ausgesprochen
gesund. Sie enthalten viel Eisen, Zink und Phosphor und liefern
außerdem Ballaststoffe und hochwertige Fettsäuren.

BA *Ballaststoffreich* **HG** *Schützt Herz und Gefäße* **CH** *Cholesterinsenkend*

Den Backofen auf 180 °C vorheizen. Zwei der drei Augen der Kokosnuss mit
einem kleinen Handbohrer durchbohren und die Flüssigkeit ausgießen
(sie lässt sich gut trinken). Die ganze Kokosnuss im Ofen 30 Minuten garen.
Herausnehmen und vollständig abkühlen lassen, den Backofen nicht aus-
schalten. Die Kokosnuss in ein Geschirrtuch wickeln und mehrmals mit einem
Hammer daraufschlagen, um die Schale aufzubrechen. Das Kokosfleisch aus der
Schale lösen und die dunkle Haut mit einem Sparschäler entfernen. Das Kokosfleisch in Späne hobeln, dann mit Essig und Salz mischen. Die Späne gleichmäßig auf dem Blech verteilen und im Ofen noch 10 Minuten knusprig rösten.

GEBACKENER BLUMENKOHL

Für 1–2 Personen

ZUTATEN

½ Blumenkohl (ca. 230 g), in kleine Röschen zerteilt • 1 EL Kokosöl, zerlassen
1 TL Kreuzkümmelsamen • ½ TL mildes Räucherpaprikapulver • 1 TL Salz
½ TL frisch gemahlener schwarzer Pfeffer • 1 EL Zitronensaft

Blumenkohl enthält Vitamin C und Cholin, eine Form von
Vitamin B, die wichtig für das Gehirn ist.

G *Regt die Gehirntätigkeit an* **BI** *Bekämpft Infektionen* **E** *Entgiftend*

Den Backofen auf 200 °C vorheizen. Ein Backblech mit Backpapier auslegen. Alle Zutaten außer dem Zitronensaft in einer Schüssel mischen und
gleichmäßig auf dem Blech verteilen. Im Ofen 15–20 Minuten backen, bis
die Blumenkohlröschen leicht gebräunt sind und knusprige Ränder haben.
Herausnehmen und zum Servieren mit Zitronensaft beträufeln.

BLUMENKOHLTÖRTCHEN

Für 12 Stück

ZUTATEN

1 pikanter Mürbeteig (aus dem Kühlregal, etwaige Reste anderweitig
verwenden) • Mehl zum Arbeiten • Hülsenfrüchte zum Blindbacken
80 g Blumenkohl, in 5 cm große Röschen zerteilt • 1 Ei, leicht verquirlt
70 g Cheddar, gerieben • 1 EL Kokossahne • 60 ml Kokosmilch
½ TL Salz • 4 Stängel Thymian, Blätter abgezupft und fein gehackt
+ einige Blätter zum Bestreuen

Thymian ist aus gutem Grund als Heilpflanze bekannt. Er reinigt die Leber und enthält Antioxidantien, die das Immunsystem stärken.

E *Entgiftend* **AV** *Antiviral* **RL** *Reinigt die Leber*

Den Teig bei Bedarf mit etwas Mehl ausrollen und 12 Kreise ausstechen, die etwas größer sind als die Mulden eines 12er-Muffinblechs. Die Mulden damit auslegen, 15 Minuten kühl stellen. Den Backofen auf 180 °C vorheizen. Die Böden mit einer Gabel mehrmals einstechen, mit Hülsenfrüchten füllen und im Ofen 10 Minuten blindbacken. Die Hülsenfrüchte entfernen und die Böden noch 2–3 Minuten hell backen. Herausnehmen und abkühlen lassen. Blumenkohl 1 Minute blanchieren, abgießen und abkühlen lassen, dann auf die Böden verteilen. Ei, Käse, Kokossahne, -milch, Salz und Thymian verquirlen und über den Blumenkohl gießen. Die Törtchen mit Thymian bestreuen und im Ofen 15–20 Minuten backen. Vor dem Servieren 5 Minuten abkühlen lassen.

MANDEL-PARANUSS-CREME

Für ca. 450 g

ZUTATEN

160 g Mandeln • 160 g Paranusskerne • ½ TL Kokosöl
1 Prise Salz

10 Minuten

Mandeln enthalten viel Eiweiß und Kalzium. Paranusskerne sind reich an Selen, das zur Stärkung des Immunsystems beiträgt.

SK *Stärkt die Knochen* **HG** *Schützt Herz und Gefäße* **SI** *Stärkt das Immunsystem*

Alle Zutaten in einem Mixer etwa 8–10 Minuten zu einer glatten Masse verarbeiten. In ein Schraubglas füllen. Die Creme schmeckt als Brotaufstrich und eignet sich auch gut als Dip für Gemüsestifte.

FRITTIERTER TOFU

Für 2–3 Personen

ZUTATEN

300 g fester Tofu, in 3 cm große Würfel geschnitten • 2 EL helle Sojasauce
250 ml Dashi (japan. Fischbrühe) • 1 ½ EL Mirin (süßer japan. Reiswein)
7 g Ingwer, geschält und fein gerieben
2 EL Speisestärke • 250 ml Kokosöl zum Frittieren
1 Frühlingszwiebel, schräg in dünne Ringe geschnitten

Tofu ist ein wertvoller Proteinlieferant. Er enthält acht essentielle Aminosäuren sowie Eisen, Kalzium, Mangan und andere Mineralstoffe.

AA *Anti-Aging* **SK** *Stärkt die Knochen* **HG** *Schützt Herz und Gefäße*

Die Tofuwürfel 20 Minuten auf Küchenpapier abtropfen lassen. Inzwischen Sojasauce, Dashi, Mirin und Ingwer in einem Topf bei schwacher Hitze erhitzen, dann warm halten. Die Speisestärke auf einen Teller geben und die Tofuwürfel darin wälzen, dabei überschüssige Stärke abschütteln. Das Kokosöl in einem großen Topf oder einer Fritteuse auf 170 °C erhitzen (oder so lange, bis ein Tofuwürfel darin in weniger als 1 Minute bräunt). Die Tofuwürfel darin portionsweise goldbraun frittieren. Herausheben und auf Küchenpapier abtropfen lassen. Mit Frühlingszwiebelringen bestreuen und mit der heißen Sauce servieren.

KOKOS-GUACAMOLE

Für 4 Personen

ZUTATEN

4 reife Avocados (ca. 450 g), entkernt, geschält und gewürfelt
5 EL frisch geraspeltes Kokosnussfleisch (oder getrocknete Kokosraspel,
20 Minuten in Wasser eingeweicht, abgetropft)
1 grüne Chilischote, entkernt und fein gewürfelt • ¼ TL Tabasco®
abgeriebene Schale und Saft von 2 Bio-Limetten
1 Prise Salz • 10 g Koriandergrün, gehackt

Avocados enthalten wertvolle Fette, die bei der Regulierung des Cholesterinspiegels helfen. Die scharfe Chili stärkt das Immunsystem.

HG *Schützt Herz und Gefäße* **BI** *Bekämpft Infektionen* **SI** *Stärkt das Immunsystem*

Alle Zutaten mit einer Gabel zerdrücken und gründlich mischen. Die Mischung soll noch etwas stückig sein. Die Guacamole bis zum Servieren in den Kühlschrank stellen.

BAGEL MIT SPECK & BANANE

Für 1 Person

ZUTATEN

1 TL Kokosöl • 1 Banane, geschält und in dicke Scheiben geschnitten
1 ½ Scheiben durchwachsener Speck
1 TL Ahornsirup • 1 Bagel, aufgeschnitten und getoastet
1 EL Kokosraspel

Bananen sind besonders reich an Kalium und enthalten außerdem Ballaststoffe, die wichtig für die Verdauung sind. Speck steuert Proteine bei.

G *Regt die Gehirntätigkeit an* **FV** *Fördert die Verdauung* **BB** *Blutbildend*

Das Kokosöl in einer Pfanne bei mittlerer Hitze zerlassen und die Bananen- scheiben darin goldbraun braten. Vom Herd nehmen und beiseitestellen. Die Pfanne auswischen und den Speck darin bei mittlerer Hitze knusprig braten. Den Herd abschalten. Den Ahornsirup in die heiße Pfanne geben und gut mit dem Speck verrühren. Die Bananenscheiben auf die Bagel-Hälften legen und leicht zerdrücken. Den Speck in mundgerechte Stücke schneiden und auf der Banane verteilen. Mit Kokosraspeln bestreut servieren.

KARTOFFELN MIT CHILIJOGHURT

Für 4 Personen

ZUTATEN

4 Ofenkartoffeln (ca. 700 g), gewaschen, jeweils in 5–6 Scheiben geschnitten
2 Knoblauchzehen, zerdrückt • 1 TL Salz • 8 g Rosmarinnadeln
2 TL Kokosöl • 100 g Kokosnussjoghurt (s. S. 16)
2 TL Chilischoten in Adobosauce (Internethandel), fein zerdrückt

Kokosnussjoghurt enthält probiotische Stoffe, die das Immunsystem stärken und die Verdauung anregen.

PB *Probiotisch* **FV** *Fördert die Verdauung* **SI** *Stärkt das Immunsystem*

Den Backofen auf 180 °C vorheizen. Jede Kartoffel auf ein doppeltes Stück Alufolie legen. Den Knoblauch mit dem Salz in einem Mörser fein zerreiben. Den Rosmarin hinzufügen und nochmals mörsern. Das Kokosöl unterrühren. Die Mischung gleichmäßig auf den Kartoffeln verteilen. Die Folie jeweils gut verschließen und die Kartoffeln im Ofen 45 Minuten backen, bis sie goldbraun und gar sind. Inzwischen den Joghurt mit dem Chilipüree verrühren. Die Folienpäckchen erst unmittelbar zum Servieren öffnen. Den Chilijoghurt separat dazu reichen.

ROTE-BETE-CHIPS MIT FETA

Für 3–4 Personen

ZUTATEN

4 Rote Beten (ca. 600 g), geschält und in 1,5 mm dünne Scheiben geschnitten
1 EL Kokosöl, zerlassen • 1 TL Salz
60 g Feta, zerbröselt • 10 g Minze, fein gehackt

Rote Beten sind reich an Antioxidantien und Ballaststoffen. Sie tragen zur Reinigung der Leber bei. Außerdem enthalten sie Glutaminsäure, eine essentielle Aminosäure, die wichtig für die Funktion des Verdauungssystems ist.

BA *Ballaststoffreich* **E** *Entgiftend* **RL** *Reinigt die Leber*

Den Backofen auf 180 °C vorheizen. Zwei Backbleche mit Backpapier auslegen. Rote Beten mit Kokosöl und Salz mischen, gleichmäßig auf den Blechen verteilen und mit Backpapier bedecken. Im Ofen 20 Minuten backen, bis die Ränder beginnen, trocken zu werden. Das Backpapier entfernen, die Bleche um 180° drehen und wieder in den Ofen schieben. Die Chips noch 10 Minuten backen, bis sie etwas heller werden. Herausnehmen und auf einem Küchengitter abkühlen lassen. Mit Feta und Minze bestreut servieren.

SÜSSKARTOFFEL-QUESADILLAS

Für 4 Personen

ZUTATEN

1 EL Kokosöl • 1 Lauchstange, nur der weiße Teil in dünne Ringe geschnitten
1 Süßkartoffel, geschält und geraspelt • ½ TL Salz
1 TL Chilischoten in Adobosauce (Internethandel), zerdrückt
Saft von 1 Limette • 4 Mais-Tortillas • 180 g Mozzarella, gerieben

Süßkartoffeln enthalten Vitamin A, Antioxidantien und Ballaststoffe. Sie regen die Verdauung an und tragen zur Regulierung des Blutzuckerspiegels bei.

BA *Ballaststoffreich* **EH** *Entzündungshemmend* **BZ** *Reguliert den Blutzucker*

Das Kokosöl in einem Topf erhitzen und den Lauch darin 2–3 Minuten glasig dünsten. Süßkartoffelraspel, Salz und zerdrückte Chilischoten hinzufügen und 4–5 Minuten mitdünsten, bis die Süßkartoffelraspel weich sind. Vom Herd nehmen und mit Limettensaft beträufeln. Eine beschichtete Pfanne ohne Fett erwärmen und 1 Tortilla-Fladen hineinlegen. Ein Viertel der Süßkartoffelmasse auf einer Hälfte der Tortilla verteilen, mit etwas Mozzarella bestreuen und die andere Tortilla-Hälfte darüberklappen. Von beiden Seiten goldbraun rösten, dann warm halten. Die anderen 3 Tortillas ebenso zubereiten.

GARNELEN MIT LIMETTE

Für 1–2 Personen

ZUTATEN

6 rohe Garnelen, geschält (bis auf den Schwanz) und entdarmt
Saft von 1 Limette • 1 TL Kokosöl • 1 Knoblauchzehe, zerdrückt
2 Kaffir-Limettenblätter, Mittelrippe entfernt, fein gehackt
1 kleine Prise Salz • 1 TL fein geriebene Macadamianusskerne

15 Minuten
+ 10 Minuten
Kühlzeit

Garnelen versorgen den Körper mit Zink und Proteinen. Macadamianusskerne enthalten neben Vitaminen auch wichtige Mineralstoffe wie Mangan und Kupfer. So lecker kann ein gesunder Snack sein!

SK *Stärkt die Knochen* **EH** *Entzündungshemmend* **HG** *Schützt Herz und Gefäße*

Die Garnelen waschen, trocken tupfen und in einer Schüssel mit Limettensaft beträufeln. Im Kühlschrank 10 Minuten marinieren. Das Kokosöl in einer Pfanne bei mittlerer bis starker Hitze zerlassen und Knoblauch und die Hälfte der Limettenblätter darin 30 Sekunden anbraten. Dann Garnelen hinzufügen, salzen und 2–4 Minuten goldbraun braten. Mit den restlichen Limettenblättern und den geriebenen Nüssen bestreuen.

GEGRILLTER MAIS MIT MISO

Für 2 Personen

ZUTATEN

2 Maiskolben (à ca. 330 g), Blätter gelockert, aber nicht vom Kolben gelöst
1 TL Kokosöl + etwas Kokosöl für die Pfanne • ½ Knoblauchzehe, zerdrückt
3 TL Misopaste • 1 TL Tamarindenmark • 1 TL Dijonsenf
1 TL gehackte Petersilie

Miso ist eine Paste aus fermentierten Sojabohnen und Getreide.
Sie enthält probiotische Stoffe, B-Vitamine und pflanzliche Proteine.

PB *Probiotisch* **FV** *Fördert die Verdauung* **BZ** *Reguliert den Blutzucker*

Die Maiskolben in kochendem Wasser 3–4 Minuten blanchieren. Herausnehmen und trocken tupfen. Kokosöl, Knoblauch, Miso, Tamarindenmark
und Senf verrühren und die Maiskolben damit rundherum bestreichen. Eine
Grillpfanne mit etwas Kokosöl einfetten und stark erhitzen. Die Maiskolben
in die Pfanne legen und etwa 8 Minuten garen, dabei zwischendurch drehen.
Zum Servieren mit Petersilie bestreuen.

ZUM NASCHEN

*Die meisten Leckereien in diesem Kapitel
lassen sich gut vorbereiten und im Kühlschrank oder Gefriergerät aufbewahren.
So haben Sie immer etwas Leckeres parat,
wenn spontan Besuch ins Haus schneit.*

Karamellpopcorn mit Salz
Schoko-Minz-Kugeln
Kokosmilchreis
Himbeer-Trifle
Kokos-Orangen-Creme
Kokos-Ingwer-Granita

KARAMELLPOPCORN MIT SALZ

Für 4 Personen

ZUTATEN

400 g Kokossahne • 100 g Kokosblütenzucker • 1 ½ TL Salz
1 EL Kokosöl • 120 g Popcornmais

Kokosblütenzucker wird aus dem getrockneten Saft von Kokosblüten hergestellt. Er hat einen niedrigen glykämischen Index und enthält zwölf Aminosäuren und Mineralstoffe.

SE *Spendet Energie* **OZ** *Ohne raffinierten Zucker* **NS** *Natürliche Süße*

Kokossahne, Kokoszucker und ½ TL Salz in einem Topf bei schwacher Hitze 50 Minuten köcheln lassen, dabei ab und zu umrühren. Den Backofen auf 120 °C vorheizen. Zwei Backbleche mit Backpapier auslegen. Das Kokosöl in einem Topf mit dickem Boden bei mittlerer Hitze erhitzen. 2–3 Maiskörner hineingeben und den Deckel schließen. Sobald die Maiskörner platzen, den restlichen Mais in heiße Öl geben. Den Deckel auflegen und warten, bis keine Körner mehr platzen. Das Popcorn gleichmäßig auf den Blechen verteilen, mit Karamell übergießen und gut mischen. Im Ofen 45–50 Minuten backen, zwischendurch ab und zu wenden. Aus dem Ofen nehmen, mit dem restlichen Salz bestreuen und abkühlen lassen.

SCHOKO-MINZ-KUGELN

Für ca. 18 Stück

ZUTATEN

160 g Mandeln • 165 g getrocknete Datteln, 20 Minuten in heißem Wasser
eingeweicht, dann entsteint • 30 g Kakaopulver • 1 Prise Salz
25 g Kokosraspel • 80 ml Kokosöl, zerlassen
5 Tropfen ätherisches Pfefferminzöl

Die Ballaststoffe aus den Datteln und das ätherische
Pfefferminzöl regen die Verdauungstätigkeit an.

SE *Spendet Energie* FV *Fördert die Verdauung* OZ *Ohne raffinierten Zucker*

Mandeln, Datteln, Kakao und Salz in einem Mixer zu einer homogenen Masse
verarbeiten. Von den Mandeln sollten noch kleine, helle Pünktchen in der
Masse zu erkennen sein. Dann Kokosraspel, Kokosöl und Minzöl dazugeben
und alles nochmals kurz mixen. Von der Masse mit einem Teelöffel Porti-
onen abstechen und mit den Händen zu Kugeln rollen. Zum Festwerden
20–25 Minuten kühl stellen. 5 Minuten vor dem Servieren herausnehmen.

KOKOSMILCHREIS

Für 4 Personen

ZUTATEN

120 g Naturmilchreis • 1 l Kokosmilch • 3 EL Kokosblütenzucker
1 TL gemahlener Zimt und etwas mehr zum Bestreuen
Mark von ½ Vanilleschote • ¼ TL Salz • 40 g Pistazien, gehackt

50 Minuten

Ungeschälter Naturreis ist eine wertvolle Proteinquelle.
Pistazien tun dem Herzen gut, denn sie sind reich an Antioxidantien.

HG *Schützt Herz und Gefäße* **AO** *Reich an Antioxidantien* **CH** *Cholesterinsenkend*

Alle Zutaten außer den Pistazien in einem Topf aufkochen, dann bei schwacher
Hitze 40 Minuten unter gelegentlichem Rühren garen, bis der Reis die Flüssigkeit aufgenommen hat und gar, aber noch etwas bissfest ist. In Portionsförmchen füllen, mit den gehackten Pistazien und etwas Zimt bestreuen.

HIMBEER-TRIFLE

Für 4 Personen

ZUTATEN

250 g Crème fraîche • 60 g Kokossahne
2 EL Ahornsirup • Mark von ½ Vanilleschote
100 g trockene Ingwerplätzchen, grob zerbröselt • 120 g Himbeeren

Himbeeren enthalten nicht nur wertvolle Ballaststoffe, sondern auch Antioxidantien, Vitamine – vor allem Vitamin C – und Mineralstoffe. Sie sind reich an Folsäure und stärken das Immunsystem.

H *Gut für die Haut* **GR** *Gewichtsreduktion* **EH** *Entzündungshemmend*

Alle Zutaten außer den Plätzchen und Himbeeren in einer Schüssel mit einem Schneebesen gut verrühren. Die Hälfte der Plätzchen in vier Gläser (à ca. 125 ml Fassungsvermögen) verteilen. Die Gläser bis zur Hälfte mit Creme füllen. Die restlichen Plätzchen daraufgeben und mit der übrigen Creme bedecken. Mit den Himbeeren garnieren.

KOKOS-ORANGEN-CREME

Für 4 Personen

ZUTATEN

400 g Kokossahne • 1 TL Kardamomsamen • Schalenstreifen von 1 ½ Bio-Orangen + einige dünne Zesten zum Garnieren • 4 Eigelb
60 g Rohzucker • 3 EL Speisestärke • ¼ TL Salz

Kardamom enthält wertvolle Ballaststoffe und wirkt
regulierend bei erhöhtem Blutdruck.

LF *Laktosefrei* **AD** *Antidepressiv* **RB** *Reguliert den Blutdruck*

Kokossahne, Kardamom und Orangenschale in einem Topf bei schwacher
Hitze 30 Minuten ziehen lassen, aber nicht kochen, dabei ab und zu umrühren. Kurz bevor der Siedepunkt erreicht ist, vom Herd nehmen. Durch
ein feines Sieb in eine Schüssel gießen, Kardamom und Orangenschale entfernen. Eigelbe, Zucker, Speisestärke und Salz hellschaumig aufschlagen und
die Kokossahne langsam unter ständigem Schlagen dazugießen. Durch ein
feines Sieb in den Topf gießen und darin unter Rühren 5–7 Minuten behutsam
erhitzen, bis die Creme eindickt. In Schälchen verteilen und mit
dünnen Orangenzesten garnieren.

KOKOS-INGWER-GRANITA

Für 6 Personen

ZUTATEN

120 g Rohzucker • 15 g Ingwer, geschält und in dicke Scheiben geschnitten
400 g Kokossahne • 15 g Minze, fein gehackt

Die Fette der Kokossahne regen den Stoffwechsel an und tragen
zur Regulierung des Cholesterinspiegels bei. Minze besitzt reinigende
Wirkung und fördert die Verdauung.

FV *Fördert die Verdauung*　**BI** *Bekämpft Infektionen*　**RS** *Regt den Stoffwechsel an*

125 ml Wasser, Zucker und Ingwer 2–3 Minuten kochen, bis sich der Zucker
aufgelöst hat. Vollständig abkühlen lassen, dann den Ingwer entfernen.
Kokossahne und Ingwersirup im Mixer 30 Sekunden verrühren, in eine Form
gießen und mit der Minze betreuen. 6 Stunden (oder über Nacht) ins Gefrierfach stellen. Mit einer Gabel durchrühren, bis die Masse eine grob-kristalline
Konsistenz hat. Bis zum Servieren im Gefrierfach aufbewahren.

DESSERTS

Die Süßspeisen, Kuchen, Plätzchen und Riegel auf den folgenden Seiten sind wahrhaft verführerisch und dabei supergesund, denn sie sind mit natürlicher Süße und wertvollem Kokosöl hergestellt.
Wenn Sie noch mehr für Ihre Gesundheit tun wollen, probieren Sie einmal Kokosmehl. Sie können einfach ein Viertel des Weizenmehls durch Kokosmehl ersetzen.

Crème brûlée mit Zitrusnote • Möhren-Kokos-Cupcakes
Zitronenküchlein • Mokka-Feigen-Kuchen
Kokosplätzchen • Arme Ritter mit Cranberrys
Birnen-Gewürz-Crumble • Schoko-Kokos-Riegel
Schokoküchlein

CRÈME BRÛLÉE MIT ZITRUSNOTE

Für 6 Personen

ZUTATEN

550 g Kokossahne • 1 Vanilleschote, längs halbiert • 2 Kaffir-Limettenblätter
5 Eigelb • 2 EL Kokosblütenzucker + etwas mehr zum Bestreuen • 40 g Honig
1½ TL Agar-Agar (oder 5 g Gelatinepulver)

Mehr als 80 % der Nährstoffe, die ein ganzes Ei enthält,
befinden sich im Eigelb. Dabei handelt es sich um Vitamine,
Mineralstoffe, Eisen, Kalium und Folsäure.

SK *Stärkt die Knochen* **GF** *Glutenfrei* **HG** *Schützt Herz und Gefäße*

Den Backofen auf 140 °C vorheizen. Kokossahne mit Vanille und Limettenblättern unter Rühren aufkochen, durch ein feines Sieb gießen. Eigelbe,
Kokoszucker, Honig und Agar-Agar 2 Minuten aufschlagen, bis die Mischung
dicklich wird. Die heiße Kokossahne langsam unter Rühren dazugeben.
Nochmals durch ein feines Sieb gießen und in vier Ramequin-Förmchen (à
ca. 200 ml Fassungsvermögen) füllen. In eine Auflaufform stellen und bis zur
Hälfte heißes Wasser dazugießen. Im Ofen 50–60 Minuten garen, bis die Creme
in der Mitte noch etwas weich ist. Dann 2 Stunden in den Kühlschrank stellen.
Den Backofengrill vorheizen. Zum Servieren die Cremes mit Kokoszucker
bestreuen und im Ofen 1–2 Minuten karamellisieren.

MÖHREN-KOKOS-CUPCAKES

Für 10–12 Stück

ZUTATEN

3 Eier • 80 g Kokosöl • 4 EL (100 g) Ahornsirup • 50 g Kokossahne
2 Möhren, geraspelt • 250 g Mehl, gesiebt • 2 TL Backpulver

Topping
250 g Kokossahne (Dose nicht schütteln!)
1 EL Ahornsirup

45 Minuten
+ 8 Stunden
Kühlzeit

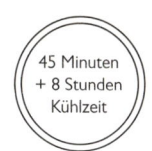

Möhren sind wertvolle Vitaminlieferanten. Kokosöl ist reich an Fetten, die den Körper gesund erhalten.

A *Gut für die Augen* HG *Schützt Herz und Gefäße* OZ *Ohne raffinierten Zucker*

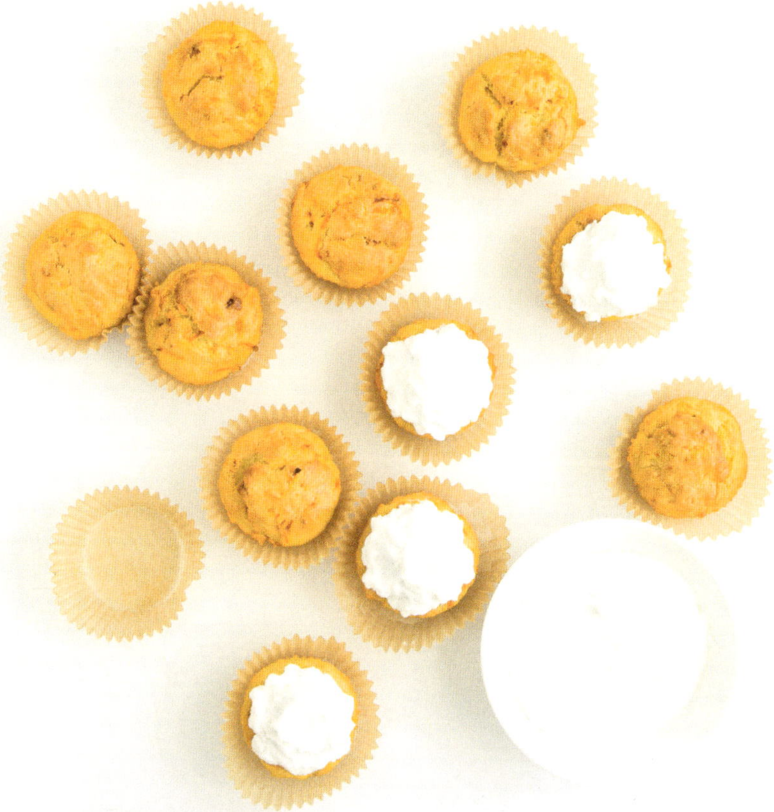

Für das Topping die Kokossahne in eine Schüssel gießen und über Nacht kühl stellen. Am nächsten Tag den Backofen auf 200 °C vorheizen. Ein 12er-Muffinblech mit Papierbackförmchen auslegen. Eier, Kokosöl und Ahornsirup 3–4 Minuten schaumig aufschlagen. Kokossahne, Möhren, Mehl und Backpulver dazugeben und unterrühren. Den Teig in die Förmchen verteilen und im Ofen 25–30 Minuten goldbraun backen. In der Form abkühlen lassen.

Für das Topping die gekühlte Kokossahne in der kalten Schüssel mit dem Ahornsirup steif schlagen. Die Cupcakes mit der Creme bestreichen (alternativ mit einem Spritzbeutel auftragen) und servieren.

ZITRONENKÜCHLEIN

Für 16 Stück

ZUTATEN

150 g Kokosblütenzucker • 3 Eier • 80 g Kokosöl + etwas mehr für die Formen
250 ml Milch • Saft und Schale von 3 großen Bio-Zitronen (ca. 250 ml)
300 g Mehl, gesiebt • 20 g Backpulver

Die gesunden Fette im Kokosöl tragen zur Senkung des Cholesterinspiegels bei. Der Zitronensaft ist reich an Vitamin C und sorgt für eine erfrischende Säure.

OZ *Ohne raffinierten Zucker* **BI** *Bekämpft Infektionen* **CH** *Cholesterinsenkend*

Den Backofen auf 180 °C vorheizen. Zwei 8er-Mini-Muffinbleche dünn einfetten. Kokoszucker, Eier und Öl 3–4 Minuten schaumig aufschlagen, dann Milch, Zitronensaft und -schale unter ständigem Schlagen langsam dazugeben. Mehl und Backpulver unterrühren. Den Teig in die Förmchen verteilen, sie sollten nur zu etwa drei Vierteln gefüllt sein. Im Ofen 12–15 Minuten goldbraun backen, bis an einem in der Mitte eingestochenen Stäbchen kein Teig haftet.

MOKKA-FEIGEN-KUCHEN

Für 1 Kuchen

ZUTATEN

110 ml Espresso • 35 g Zuckerrohr-Melasse • 5 Eier • 150 g Kokosöl
110 g Kokosblütenzucker + etwas mehr zum Bestreuen • 330 g Mehl
200 g getrocknete Feigen ohne Stiel, gewürfelt, 20 Minuten in heißem
Wasser eingeweicht und abgetropft

Zuckerrohr-Melasse enthält Vitamine und Mineralstoffe wie Kalzium, Magnesium und Selen, die wichtig für die Gesundheit des Bluts, des Immunsystems und der Knochen sind.

SK *Stärkt die Knochen* **SI** *Stärkt das Immunsystem* **HA** *Gut für die Haare*

Den Backofen auf 160 °C vorheizen. Eine Kastenform (20 cm × 11 cm) mit Backpapier auskleiden. Espresso und Melasse bei schwacher Hitze erwärmen und wieder vollständig abkühlen lassen. Eier, Kokosöl und Kokoszucker hell und schaumig aufschlagen. Langsam den Espresso-Mix unterrühren, dann das Mehl untermischen. Die Hälfte des Teiges in die Form füllen und die Hälfte der Feigen darauf verteilen. Dann den restlichen Teig in die Form geben und mit übrigen Feigen und etwas Kokoszucker bestreuen. Den Kuchen im Ofen 1 Stunde 20 Minuten backen, bis an einem in der Mitte eingestochenen Stäbchen kein Teig mehr haftet. Herausnehmen, 5 Minuten in der Form abkühlen lassen, dann aus der Form nehmen und vollständig abkühlen lassen.

KOKOSPLÄTZCHEN

Für ca. 16 Stück

ZUTATEN

225 g geschälte, gemahlene Mandeln (Mandelmehl)
135 g Haferflocken • 60 g Kokosraspel • 55 g Kokosmehl
110 g Kokosöl • 60 ml Ahornsirup • ½ TL Natron

Mandeln und Kokosmehl sind wertvolle Proteinlieferanten. Haferflocken enthalten viele Ballaststoffe und wirken regulierend auf den Cholesterinspiegel.

EH *Entzündungshemmend* **FV** *Fördert die Verdauung* **CH** *Cholesterinsenkend*

Den Backofen auf 130 °C vorheizen. Ein Backblech mit Backpapier belegen. Mandeln, Haferflocken, Kokosraspel und Kokosmehl mischen. Kokosöl und Ahornsirup in einem Topf bei schwacher Hitze erwärmen. Das Natron in 1 EL heißem Wasser auflösen. Alles zu einem Teig verarbeiten. Falls er zu fest ist, noch etwas Wasser hinzufügen. Aus dem Teig 16 kleine Kugeln formen, auf das Blech legen und etwas flach drücken. Im Ofen 50–60 Minuten goldbraun backen. Im Ofen 5 Minuten abkühlen lassen, dann herausnehmen und auf einem Kuchengitter vollständig abkühlen lassen.

ARME RITTER MIT CRANBERRYS

Für 4 Personen

ZUTATEN

5 Scheiben Weißbrot (ca. 220 g), diagonal halbiert • 2 EL Kokosöl
4 Eigelb • 75 g Kokosblütenzucker • 600 g Kokossahne
1 EL Zitronensaft • 1 TL abgeriebene Zitronenschale
50 g getrocknete Cranberrys, 20 Minuten in heißem Wasser eingeweicht,
dann abgetropft

Durch den Gärungsprozess der Hefe wird die Stärke im Mehl chemisch verändert und das Brot ist leichter verdaulich.

SI *Stärkt das Immunsystem* **FV** *Fördert die Verdauung* **HG** *Schützt Herz und Gefäße*

Den Backofen auf 180 °C vorheizen. Eine Grillpfanne erhitzen. Das Brot mit 1 EL Kokosöl bestreichen und auf beiden Seiten in der Grillpfanne 1 Minute rösten. Eine kleine ofenfeste Form mit dem restlichen Öl einfetten und das Brot hineinlegen. Eigelbe und Kokoszucker schaumig schlagen. Die Kokossahne in einem kleinen Topf mit Zitronensaft und -schale bis kurz vor den Siedepunkt erhitzen. Die heiße Sahne unter ständigem Schlagen langsam zu den Eiern gießen. Über dem Brot verteilen und 20 Minuten ruhen lassen. Die Form in eine größere ofenfeste Form stellen und diese bis zur Hälfte mit heißem Wasser füllen. Die Cranberrys über das Brot streuen. Alles im Ofen 40–45 Minuten backen. Vor dem Servieren 5 Minuten abkühlen lassen.

BIRNEN-GEWÜRZ-CRUMBLE

Für 4 Personen

ZUTATEN

1 TL Garam masala • 80 g Kokosblütenzucker
4 reife Birnen (ca. 400 g), geschält, entkernt und in Würfel geschnitten

Streusel

130 g Haferflocken • 50 g Kokosblütenzucker • 2 EL Kokosöl, zerlassen
30 g Kokosraspel • 40 g gesalzene Pistazien, geschält und grob gehackt

Haferflocken sind reich an Eiweiß und enthalten außerdem Eisen.
Garam masala ist eine Gewürzmischung, deren Zutaten mit ihren
Vitaminen und Mineralstoffen das Immunsystem stärken.

SE *Spendet Energie* **FV** *Fördert die Verdauung* **SI** *Stärkt das Immunsystem*

Den Backofen auf 200 °C vorheizen. Ein Backblech mit Backpapier auslegen.
Die Haferflocken darauf verteilen und 10 Minuten goldbraun rösten. Abkühlen
lassen. 80 ml Wasser mit Garam masala und Kokoszucker aufkochen. Die Birnen
dazugeben und 4–5 Minuten bei schwacher Hitze köcheln lassen. Vom Herd
nehmen. Die Birnen in vier ofenfeste Portionsförmchen verteilen. Alle Zutaten
für die Streusel mischen und auf den Birnen verteilen. Die Crumble im Ofen
25–30 Minuten backen, bis die Birnen gar und die Streusel goldbraun sind.

SCHOKO-KOKOS-RIEGEL

Für 12 Stück

ZUTATEN

130 g Haferflocken • 30 g Puffreis • 70 g Kokosraspel
190 g Reissirup • 300 g getrocknete Datteln, gehackt, 20 Minuten
in heißem Wasser eingeweicht, abgetropft
120 g Schokolade (mindestens 70 % Kakaogehalt), grob gehackt
abgeriebene Schale von 2 Bio-Orangen

1 Stunde
+ 20 Minuten
Einweichzeit

Die Riegel eignen sich gut zum Mitnehmen, falls Sie unterwegs
einen Energieschub brauchen. Haferflocken und Datteln sind reich
an Ballaststoffen, die für eine gesunde Verdauung sorgen.

BA *Ballaststoffreich* **FV** *Fördert die Verdauung* **SE** *Spendet Energie*

Den Backofen auf 175 °C vorheizen. Eine rechteckige Backform (18 x 28 cm)
mit Backpapier auslegen. Die Haferflocken auf einem Backblech verteilen und
im Ofen 8–10 Minuten rösten. Herausnehmen und abkühlen lassen. Puffreis,
Kokosraspel und Haferflocken mischen. Reissirup und Datteln hinzufügen und
alles gut verrühren, dabei eventuelle Klümpchen zerkleinern. Die Masse gleichmäßig in der Form verteilen. Die Schokolade über einem Wasserbad schmelzen
und die Orangenschale unterrühren. Die Schokolade auf der Masse verteilen.
Im Kühlschrank 1 Stunde fest werden lassen, dann in 12 Riegel schneiden.

SCHOKOKÜCHLEIN

Für 8 Stück

ZUTATEN

5 Eier • 5 Eigelb • 125 g Zucker • 225 g Kokosöl + etwas für die Förmchen
225 g dunkle Schokolade (mindestens 70 % Kakaogehalt), grob gehackt
1 TL Salz • 50 g Mehl • 40 g getrocknete Cranberrys, 20 Minuten
in heißem Wasser eingeweicht, abgetropft

Cranberrys enthalten viele Vitamine, vor allem Vitamin C, E und K, sowie Mineralstoffe. Sie stärken das Immunsystem und können regulierend auf erhöhten Blutdruck wirken.

EH *Entzündungshemmend* **SI** *Stärkt das Immunsystem* **RB** *Reguliert den Blutdruck*

Acht ofenfeste Förmchen (à ca. 200 ml Fassungsvermögen) einfetten. Eier, Eigelbe und Zucker 5–6 Minuten hellschaumig aufschlagen. Das Kokosöl mit Schokolade und Salz über einem Wasserbad schmelzen, dann unter ständigem Schlagen langsam zur Eiermasse geben. Das Mehl unterheben. Den Teig in die Förmchen füllen. In die Mitte jeder Form 6–8 Cranberrys legen und leicht eindrücken. Die Küchlein im Kühlschrank 2 Stunden fest werden lassen. Den Backofen auf 180 °C vorheizen. Die Küchlein im Ofen 20–25 Minuten backen, bis der Teig fest, in der Mitte aber noch flüssig ist. Heiß servieren.

BEAUTY

Gekaufte Kosmetika enthalten oft syn-
thetische Inhaltsstoffe, weshalb viele
Menschen es heute vorziehen, ihre Pflege-
produkte selbst herzustellen. Hier finden
Sie ein paar Ideen für Produkte auf der
Basis von wertvollem Kokosöl, die schnell
und einfach gelingen.

Rosmarinhaarkur • Feuchtigkeitsmaske
Anti-Aging-Peeling • Körper-Peeling
Detox-Ölziehkur

ROSMARINHAARKUR

Für 1 Anwendung

ZUTATEN

1 TL Rosmarinnadeln • 2 EL Kokosöl

Kokosöl nährt trockene und spröde Haare. Die ätherischen Öle
des Rosmarins beruhigen die Kopfhaut, kräftigen die Haarwurzeln
und regen dadurch den Haarwuchs an.

HA *Gut für die Haare* **KH** *Für gesunde Kopfhaut* **EH** *Entzündungshemmend*

Den Rosmarin in einem Mörser zerstoßen, um die ätherischen Öle freizu-
setzen. Das Kokosöl dazugeben und gründlich unterrühren. Die Mischung gut
auf der Kopfhaut und den gesamten Haaren verteilen. 20 Minuten einwirken
lassen (bei stark strapazierten Haaren auch über Nacht), dann ausspülen
und die Haare mit dem bevorzugten Shampoo waschen.
Die Haarkur hält sich 1 Woche im Kühlschrank.

FEUCHTIGKEITSMASKE

Für 1 Anwendung

ZUTATEN

2 TL Kokosmehl • 1 TL Zitronensaft
2 EL Bio-Honig • 1 EL Kokosöl
¼ TL Bio-Lavendelblüten

Lavendel wirkt beruhigend bei Hautreizungen und pflegt die Haut, ohne sie zu irritieren. Kokosöl bildet eine feuchtigkeitsspendende Schutzschicht. Honig reinigt und pflegt die Haut.

BH *Beruhigt die Haut*   **SF** *Spendet Feuchtigkeit*   **AB** *Antibakteriell*

Alle Zutaten in einer Schüssel verrühren. Gesicht und Hals gründlich reinigen und abtrocknen. Die Maske auf der Haut verteilen, dabei die Umgebung der Augen aussparen. 5–10 Minuten einwirken lassen, dann gründlich abspülen und die bevorzugte Feuchtigkeitscreme auftragen. Die Feuchtigkeitsmaske kann 2–3 Tage im Kühlschrank aufbewahrt werden.

ANTI-AGING-PEELING

Für 1 Anwendung

ZUTATEN

40 g Heidelbeeren • ½ TL gemahlener Zimt
½ TL frisch geriebene Muskatnuss
¼ TL gemahlene Bockshornkleesamen • 1 EL Kokosöl

Muskatnuss besitzt antibakterielle Eigenschaften und kann Hautunreinheiten sowie Akne lindern. Die Antioxidantien der Heidelbeeren nähren die Haut.

FH *Fördert die Heilung* **N** *Nährt die Haut* **AB** *Antibakteriell*

Die Heidelbeeren mit einer Gabel zerdrücken und Gewürze und Kokosöl unterrühren. Gesicht, Hals und Dekolleté reinigen und leicht abtrocknen – die Haut sollte noch etwas feucht sein. Das Peeling großzügig und gleichmäßig auf der Haut verteilen und 15 Minuten einwirken lassen. Dann mit warmem Wasser abwaschen, dabei die Haut mit kreisenden Bewegungen massieren. Anschließend die bevorzugte Feuchtigkeitscreme auftragen. Das Peeling sollte am Tag der Zubereitung verbraucht werden.

KÖRPER-PEELING

Für 1 Anwendung

ZUTATEN
170 g kernige Haferflocken • 2 EL Bio-Honig
2 EL Kokosöl

5 Minuten

Kokosöl und Honig besitzen antibakterielle Eigenschaften. Hafer
fördert den Abbau toter Zellen und die Reparaturprozesse der Hautzellen.

FH *Fördert die Heilung* **ZR** *Fördert die Zellreparatur* **AB** *Antibakteriell*

Alle Zutaten in einem Mixer 1–2 Minuten zerkleinern. In eine Schüssel geben.
Die Masse mit kreisenden Bewegungen auf dem ganzen Körper verteilen.
Mit warmem Wasser abspülen. Die bevorzugte Feuchtigkeitslotion auftragen.
Das Peeling sollte am Tag der Zubereitung verbraucht werden.

DETOX-ÖLZIEHKUR

Für1 Anwendung

ZUTAT

1 EL Kokosöl, zerlassen

Mundspülungen mit Öl sind eine uralte ayurvedische Heilmethode.
Sie fördern die Ausscheidung von Giftstoffen und die Gesundheit
von Zahnfleisch und Zähnen.

E *Entgiftend* **RM** *Reinigt den Mund* **AB** *Antibakteriell*

Das Öl in den Mund nehmen und 20 Minuten behutsam hin und her bewegen.
Sie können es auch durch die Zähne ziehen. Sobald das Öl weißlich aussieht,
ist das ein Indiz dafür, dass sich keine schädlichen Bakterien mehr in der
Mundhöhle befinden. Das Öl ausspucken und den Mund gründlich mit Wasser
ausspülen. Danach die Zähne mit Zahnseide und Zahnbürste reinigen.

REGISTER

Vielen Dank an meine Freunde in Sri Lanka, die sich viel Zeit genommen und mich in ihre Küchen eingeladen haben, damit ich Kokosöl entdecken konnte.

An meine bezaubernde kleine Laalimaa, die tief und fest geschlafen hat, während ich mit der Entwicklung der Rezepte beschäftigt war.
Du bis das Umami meines Lebens.

Für die englische Ausgabe
Autorin Jessica Oldfield
Projektleitung Catie Ziller
Projektbetreuung Kathy Steer
Gestaltung und Satz Alice Chadwick
Fotos Victoria Wall Harris
Foodstyling Anna Shillinglaw Hampton

Für die französische Ausgabe
Projektbetreuung Marion Pipart - La Nouvelle
Übersetzung Florence Raffy
Lektorat Céline de Quéral
Herstellung Frédéric Voisin

Für die deutsche Ausgabe
Programmleitung Monika Schlitzer
Redaktionsleitung Caren Hummel
Projektbetreuung Sabrina Kiefer, Clara Ferschen
Herstellungsleitung Dorothee Whittaker
Herstellungskoordination Arnika Marx
Herstellung Claudia Bürgers

Titel der französischen Originalausgabe:
Huile de Coco – La Bible

© Hachette Livre (Marabout), Paris, 2016
Alle Rechte vorbehalten. The moral right
of the author has been asserted.

© der deutschsprachigen Ausgabe by Dorling Kindersley Verlag GmbH, München, 2017
Ein Unternehmen der Penguin Random House Group
Alle deutschsprachigen Rechte vorbehalten

Umschlagabbildungen: unten © Shutterstock, oben © Dorling Kindersley
Weitere Informationen unter **www.dkimages.com**

Übersetzung Wiebke Krabbe
Lektorat Kathrin Gritschneder

ISBN 978-3-8310-3234-1

Druck und Bindung Toppan Leefung, China

Besuchen Sie uns im Internet
www.dorlingkindersley.de